图说 丰碑

各领风骚

李默/主编

广东旅游出版社
GUANGDONG TRAVEL & TOURISM PRESS
悦读书·悦旅行·悦享人生

中国·广州

图书在版编目（CIP）数据

各领风骚 / 李默主编 . — 广州：广东旅游出版社，
2013.10（2024.8 重印）
　　ISBN 978-7-80766-683-7

　　Ⅰ.①各… Ⅱ.①李… Ⅲ.①中国历史—春秋战国时
代—通俗读物 Ⅳ.① K225.09

　　中国版本图书馆 CIP 数据核字 (2013) 第 223773 号

出 版 人：刘志松
总 策 划：李　默
责任编辑：何　阳
装帧设计：盛世书香工作室　腾飞文化
责任校对：李瑞苑
责任技编：冼志良

各领风骚
GE LING FENG SAO

广东旅游出版社出版发行
（广东省广州市荔湾区沙面北街 71 号首、二层）
邮编：510130
电话：020-87347732（总编室）　020-87348887（销售热线）
投稿邮箱：2026542779@qq.com
印刷：三河市嵩川印刷有限公司
　　　（河北省廊坊市三河市杨庄镇肖庄子村）
开本：650×920mm　　16 开
字数：105 千字
印张：10
版次：2013 年 10 月第 1 版
印次：2024 年 8 月第 3 次印刷
定价：45.80 元

出版者识

　　《图说历史丰碑》是一部全景式图文并茂记录中国文明历史的大书。出版者穷数年之力，会集各方力量——专家、学者、编辑、学术顾问们，在浩如烟海的历史档案、资料、著作中，探珍问宝，追寻中华文明在悠悠历史长河中的灿烂之光。此书的出版，凝聚了编撰者的心血，学术顾问们的智慧。尤其是李学勤先生，亲自动笔写下了序言，更增加了本书沉甸甸的分量。

　　中华文明的历史充满了辉煌与苦难，成就和挫折。它的历史无处不在，决定着我们中国人今天的思想和感情。当今的中国和中国人是中华文明的历史造就的，是中华文明的历史的延伸，也是它的一个组成部分，中华文明的历史之河奔流到现在。

　　中华文明是人类历史上最伟大的文明之一，是人类文明发展的主要构成。中华文明丰富、深刻、辉煌、博大，在人类文明中的骨干作用和领导作用人所共知。在人类文明的发源时期，中国就是四大古国之一，是地球上文化的策源地之一。在人类文明的早期，中华文明成为文明在东方的支柱，公元前后 200 年间，人类的汉帝国与罗马帝国这两只铁手攥住了地球。在欧洲进入中世纪的时候，中华文明更成为人类文明最主要的领导，它的文明统治东亚，传遍世界。进入近代，中华文明处于自身的重压和西方的欺凌下，但中国人民的斗争史和奋起精神是人类文明历史中不可缺少的一页。

　　五千年的中华文明为人类贡献出了从思想家孔子到科学技术的四大发明、从唐诗宋词到长城运河的伟大创造，贡献出了从诸子百家到宋明理学，从商周铜器到明清文学的深刻内涵，也贡献出了从五霸七强到三国纷争、从文景之治到十大武功的辉煌历史。中华文明的历史绚烂多彩，在人类文明的历史长河中永放光芒。

　　中华文明也是人类历史上最独特的文明，没有哪一个文明像中华文明这样持久，这样统一一致。世界上其他文明不但互相交错，其创造者也都与高加索体质的人种有关，它们是姐妹文明。在人类历史中，只有中华文明才是独特的，它的创造者是中国土地上的中国人民，与其他任何地方的人民都没有关系，它的文化是统一一致的文化，可以不依赖于其他任何文明而生存，但中华文明也绝不是封闭的，它接受他人的文化，也承担自己对于人类的责任。

　　人类进入新世纪，中国的社会经济发展令世人瞩目。人们对于世界未来的政治和经济结构的估计无不以东亚和太平洋为中心，而尤以中国为重点。

经济起飞只是当代中国的一个方面，中国的精神文明的建设尤为刻不容缓。如果中国要自觉地发展中华文明，要有意识地使中国的发展具有世界意义，就必须发展强有力的精神文化，这样才能使中华文明的发展进入一个新的阶段，才能形成中国和中华文明的全面现代化。

而中国的精神文化的发展植根于中华文明的伟大传统之中。进入近代之后，在西方文化的冲击下，对于中国文化的价值产生大量的情绪化和激烈冲突的论调。"五四"运动打倒孔家店的口号具有冲破封建束缚的时代意义，对中国文化的发展有不容否认的正面意义，与文化虚无主义是完全不同的。文化虚无主义者否定中国传统文化，在现代化的旗帜下主张全盘西化；而复古主义则沉迷于中国文化的古董，走进反进步、反科学的泥潭。

历史的发展则超越了所有这些论点，产生这些论调的一百多年来的中国近代史已经结束。历史要求中国发展，要求中国走在全世界发展的前列。西化论和复古论都已过时，历史已经要求世界超越西方，中国可以承担起世界的命运，而中国的现实和世界的历史都说明，中国的使命在于它的发展前进，而非倒退。

中华文明走出迷惘的时代，我们这一代处在一个伟大而具有挑战的历史阶段。

总结历史、展望未来，这就是《图说历史丰碑》的意义和使命。我们创作《图说历史丰碑》，力求总结和回顾中华文明的全貌，在内容和形式上都开创一个新的局面。在内容结构上，既具有一定的深度，又具有相当的广博性，既有严谨、准确的学术价值，又有活泼、流畅的可读性。我们在本丛书内容纳了中华文明的各个方面，使它综合了大规模学术著作的系统性、严密性和普及读物的全面性、简易性，它既可作为大型工具书检索中华文明的各个成分，又可作为通俗的读物进行浏览。

我们从上世纪90年代初起就开始思考中华文明的历史和现实问题，并逐渐形成了编著《图说历史丰碑》的设想。在开展这项庞大的文化工程之始，我们就聘请了国内权威学者李学勤、罗哲文、俞伟超、曾宪通、彭卿云诸先生担任学术顾问，他们对计划作了充分讨论，并审阅了大量初稿。我们聘请了广州、香港地区的社会科学学者、大学教师、研究生以及我社编辑人员几十人担任稿件的撰写工作。

通过创作这部书，我们深深地感受到了中华文明的博大精深，也感受到了它的内在缺陷。中华文明具有辉煌的时期，也有苦难的年代，有它灿烂的成就，也有其不足的方面。中华文明在自身中能够吸取充分的经验和教训，就能够使自身健康壮大，成长发展。

通过创作这部书，我们也深深感受到了出版事业的使命和重任。我们希望这部书能受到广大读者的喜爱，起到它所应当起的作用。为中华文明的反省、前进和奋起作一点贡献。

目 录

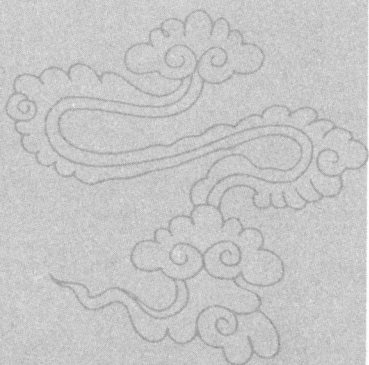

周王室东迁·东周开始

周平王元年（前770），犬戎之乱后的周都镐京残破狼籍，而且靠近西戎，于是新即位的周平王决定迁都，在晋文侯、秦襄公、郑武公、卫武公等诸侯的护送下，周王室东迁于雒邑（今河南洛阳），此后的周王朝就称为东周。东迁之后的周王朝迅速丧失了作为王室的权威，基本上不能再控制诸侯，其势力范围局限于以雒为中心的方圆不过六百余里的区域，实力在中等诸侯之下。伴随着其政治、军事

越青铜文化中仿铸中原产物。

权威的丧失，以周王朝为标志的西周礼制、法制和文化制度迅速崩溃，诸侯不再听命于周天子，任意攻伐，中原陷于混战局面，以军事实力争取政治、经济利益成为政治的主要目的和手段。同时，礼崩乐坏，周王室不再能享有独占九鼎、巡狩天下的特权，而诸侯，甚至卿大夫超越本分冒用天子礼制的事时有发生。

春秋列国简图

周礼制和政治统治在东周的崩溃迅速改变了中原政治和文化的格局，西周的专制、单调的政治结构

春秋前期鲁侯鼎

春秋前期曾伯文醽

结束，各种地方势力、各个阶层突破桎梏，竞相发展各自的势力，天子与诸侯之间、诸侯与大夫之间、父与子之间、兄与弟之间展开了激烈的斗争，各种势力都得到了发展，使中国的政治、经济面貌发生了很大变化。而礼崩乐坏也促进了文化的繁荣，一进入东周，西周青铜器铸造在样式、花纹、铭文格式、文字风格上的大致统一就被打破，出现各种地方风格，春秋战国文化迅速繁荣。

周王室东迁，东周的建立就是从西周政治和文化的专制、沉寂向春秋战国的政治和文化的自由、繁荣的过渡标志，而周王室的衰微也是这一转机的必要条件。

诸侯国兴起

周王室的恢复和东迁完全依靠诸侯的势力，诸侯在周王室权威丧失的时候迅速登上政治、军事舞台，填补权力真空，成为中原的决定性力量。东迁以后，周王室对诸侯的实际控制基本丧失，残存的尊严和名义上的权威也被诸侯攫为己有，晋和郑在东周初年操纵着周王室的权力，挟天子以令诸侯，郑由此发展为春秋第一个小霸。

东周初年，中国的大小诸侯多达120多个，由于周王室失去了对它们的控制，它们便各自为政，利用各种手段谋取政治和军事利益，开始了春秋混战。在混战中，一些势力较强的国家不断吞并小国，膨胀起来。

前768年，齐灭祝，开始了诸侯之间的吞并。以郑、秦、齐为代表的诸侯势力开始发展，它们决定了春秋的政治格局，并影响了春秋和战国时代中国经济、文化的发展。齐桓、晋文、管仲、子产之类的诸侯政治家在诸侯兴起的环境中对中国的政治、经济、法律、军事和思想的发展作出了重要贡献。

秦国崛起

前770年，秦庄公的儿子秦襄公因护送周平王东迁洛邑有功，被平王封为诸侯，并将岐山（今陕西岐山县东北）以西之地赐秦，秦国迅速崛起。

秦是古代嬴姓部族中的一支，祭祀少皞。嬴姓祖先大费，传说是女脩吞玄鸟卵而生，曾辅佐禹治水。商代末年，嬴姓有叫中潏的一支住在西戎之地，其子蜚廉、孙恶来均辅佐商王纣。西周中期，中潏的后代大骆居西犬丘（今甘肃天水西南、礼县东北），生了两个儿子：成与非子。成为嫡子，继承大骆，住在西犬丘。非子为周孝王养马有功，被孝王封于"汧渭之会"（汧、渭二水交会处）的秦（一说在今甘肃清水一带，一说在今陕西宝鸡县境内），从此非子这一支就以秦为氏。周厉

战国石鼓。石形如鼓，共有10石，文字内容为记述游猎的10首诗。图为《銮车》，是其中一块。这是战国现存最早的一组石刻。

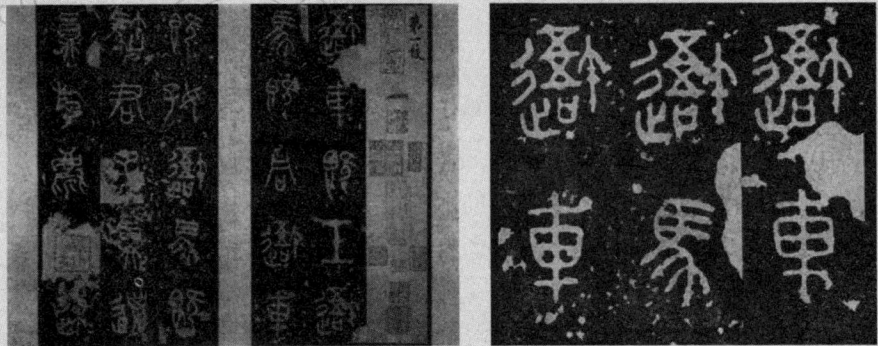

石鼓文拓片。石鼓文是大篆体，我国最早的刻石　石鼓文拓片
文均用此体。

王时，西戎攻灭西犬丘的大骆之族。周宣王即位，派非子的曾孙秦仲为大夫
讨伐西戎，结果秦仲战死。秦仲的儿子秦庄公后来攻破西戎，收复西犬丘后
定居这里。这是秦建国的开端。

　　春秋早期，东周迁出今陕西境内后，秦致力于伐戎，收复周故地。前766年，
秦襄公伐戎至岐身亡，其子秦文公继位。前762年，秦文公收复汧水、渭水
交会处的秦故地，又迁都于此。

　　秦领土是西周的故土，秦在很多方面继承了正统文化。并且在春秋时代
文明兴起的浪潮中走在前列。

　　在军事上，秦积极拓展领地。秦的疆域最初主要在今甘肃东南和陕西西
部的渭水流域，后逐渐并灭今陕、甘境内的西戎各部，沿渭水东进，逾黄河
和崤函之塞，进攻三晋；逾今陕西商洛地区进攻楚；逾今陕西汉中地区，进
入巴蜀，并从巴蜀进攻楚。

　　前753年，秦开始有史记事，民众亦开始接受教育。前746年，秦法律
开始有父、母、妻三族之罪。我国现存最早的刻石文字石鼓文，歌咏了秦国
君游猎、战争的情况。

　　从此，秦由僻居于西部一隅之地的小国，一跃而成为与中原诸国匹敌的
诸侯。

秦文公建新都

秦文公时期，秦国有较大发展。秦文公三年（前763），秦文公率兵700人往东方打猎，次年秦文公收复汧水与渭水会合之地（今陕西眉县附近），秦人的祖先非子曾被周王朝封赏，在此处建造城邑，此后，秦又在此发展势力，终得列为诸侯。秦文公欲在此建城，便命人占卜，得吉兆，于是动土营建城邑，作为秦国向东发展的据点。前761年，新城邑建成，秦文公迁都于此。秦文公十六年（前750），秦文公率兵伐戎，打败戎人，将散亡的周族之人聚拢，置于秦的管辖之下。秦国的辖地到达岐（今陕西岐山县东北）。秦文公将岐以东之地贡献于周，以表敬意。

秦文公游猎、战争的情形，与现存最早的刻石文字石鼓文中所歌咏的内容极为相似。这种记录不仅是单纯的历史记录，而且将当时一种意气风发、奋发向上的浪漫情调附会渲染，体现出新文化之初的新气象。

鲁国开始编《春秋》

周平王四十九年(前722)春天，鲁国开始编《春秋》。《春秋》是鲁国国史，也是中国现存先秦典籍中年代最早的编年体史书。它的记事以鲁国十二公为序，起于鲁隐公元年(前722)，终于鲁哀公十四年(前481)，共242年。《春秋》文笔简约如大事记，而242年间诸侯攻伐、盟会、篡弑及祭祀、灾异、礼俗等，都有记载。它所记鲁国十二公的世次年代，经后人考证完全正确；所载日食与西方学者所著《蚀经》比较，互相符合的有30多次。因为《春秋》是史官实录，所以价值极高，后人不仅可以从中了解史实，而且可以了解中国史学源远流长，至少到西周时，已经有较为完备的史官记事制度。在鲁国编《春秋》之时，其他诸侯国也都设有史官撰写本目的编年史，鲁《春秋》之所以传世，被认为是孔子呕心沥血编订的结果。据说孔子在编订《春秋》时，在字里行间寓寄了自己的思想和主张，创立了后人所谓"微言大义"的"春秋笔法"。

《春秋》书影

　　《春秋》是中国史传散文的第一部作品，它开创了一种新的文学体裁；同时，为后来诸子百家竞相著书立说开了风气之先。

楚熊通自立为武王

　　周平王三十年（前741），熊通弑其兄楚君蚡冒取而代之，即位为楚武王。周桓王十四年（前706）熊通讨伐诸侯随，使随向周王请求晋封楚国，周桓王未加理睬。周桓王十六年（前704）熊通恨周王室不予晋封，于是自封为武王，和随人结盟，开始开发濮地（今汉水长江以南）。周庄王七年（前690），熊通死于伐随的途中。

春秋战国时期征战频繁，兵士的作用尤为突出。这是春秋战国时期的皮甲胄复原模型。

楚国始称王·南方文化融入中原

周桓王十六年夏（前704）楚伐随，双方军队在速杞（今湖北应山县西）交战，随军被打败逃走。

这年秋，楚熊通自立为武王，始开濮地。濮是少数民族的聚居地，民族混杂，其生活习俗和宗教颇带有原始遗存的野性、神秘气息。

至此，楚实际上已辐射江淮，窥伺中原，并对巴、濮、蛮、越都有所制驭。

由于各种部族渊源各异，历史参差，楚文化的形成包含几个方面：（1）荆楚部族本身的文化；（2）中原华夏文化的影响；（3）楚地域内外各民族文化的影响。楚有独特的文化。在楚地域原始鬼神崇拜祭祀的色彩要浓于中原地区的礼仪宗教倾向，因此前者往往带有"巫觋"的烙印和山野的神秘气息。

信鬼好祀，乐舞娱神等经常性的习俗生活内容，在南楚土著民族中更是蓬勃浓郁。如果说中原文化是以典重质实为基本精神，那么楚文化则以绚丽浪漫为主要特色。

卫惠公逃亡后复国

周庄王佗元年（卫惠公四年，前696年）卫国内乱，惠公被迫逃奔齐国。

卫惠公的父亲卫宣公喜爱夫人夷姜，生一子，名伋，立为太子，并把他嘱托给自己的弟弟——右公子职。伋成年后，右公子为他娶齐女宣姜为妻。卫宣公见宣姜美貌，便据为己有，并同她生下子寿、子朔，又把他们嘱托给另一个弟弟——左公子泄。夷姜死后，宣姜和子朔向宣公进谗，离间他和伋的关系。宣公中计欲杀伋，便派他出使齐国，并遣刺客在卫、齐交界处的莘（今山东莘县北）等待动手。子寿将此阴谋密告于伋，劝他逃命。伋不肯弃父命，坚持使齐。子寿在饯行时把伋灌醉，冒充伋前往莘地被刺客杀死。伋酒醒后赶到，申明身份，也被杀。卫宣公连丧二子，于是立子朔为太子。宣公死后，朔继位为卫惠公。公子泄和公子职心怀不满，率人发难，迫使卫惠公逃奔齐国，立太子伋之弟黔牟为君。

前689年冬，齐襄公联合鲁、宋、陈、蔡等国伐卫，欲送惠公返卫复辟。次年（前688）六月，卫惠公返国，黔牟及大夫宁跪分别被放逐到周、秦，左公子和右公子被杀。卫惠公复国。

齐鲁战于乾时

鲁庄公九年（前685）齐桓公在高氏、国氏帮助下继位为君，公子纠虽有鲁国支持，由于行动迟缓，未能继位。齐、鲁由此交恶。此年秋，鲁、齐两国战于乾时（今山东临淄西南），鲁军大败。鲁庄公丢弃所用战车，坐轻车逃跑。鲁庄公的驭手和戎右武士秦子、梁子打着庄公的旗帜，躲在小道上诱骗齐军追赶，使鲁得以逃脱，然而他们却为齐军俘获。

齐鲁乾时之战巩固了齐桓公刚刚到手的君位，提高了他在国内外的威信，为成为春秋五霸中的首霸打下了坚实的基础。

齐桓公即位

周庄王十一年（前686）公孙无知杀齐襄公登基。但公孙无知立即遭到国人的强烈反对，被视为弑君篡位的叛臣。前685年春天，公孙无知赴葵丘（今山东临淄西）游猎被葵丘大夫雍廪袭杀身亡。

齐侯盉

　　因齐襄公暴虐而逃奔在外的襄公诸弟，纷纷准备返齐继位。公子纠因其母为鲁女而逃奔在鲁，由管仲、召忽为其辅佐。公子小白逃奔在莒国，由鲍叔牙为其辅佐。公子小白之母是卫国之女，有宠于齐僖公。公子小白和齐国大夫高傒相友善，公孙无知被雍林人杀死时，齐国显贵高氏和国氏就商量，把公子小白秘密从莒国召回。鲁国听到公孙无知死讯，发兵送公子纠返齐，并派管仲率领部队在从莒赴齐的路上阻挡公子小白。管仲引箭射小白，射中其带钩，小白伴装身亡，倒在车中。管仲误以为小白已死，便派人驱车将消息飞报鲁国，公子纠信以为真以为高枕无忧，便慢慢赶路，六天后才到齐国。此时。公子小白早已到齐。因有高氏、国氏为内应，所以顺利继承君位，是为齐桓公。管仲与公子纠逃往鲁国。

　　周王室东迁以后，政治权力迅速转移到诸侯国，宗法制度和神权统治也已崩溃。所谓春秋五霸开始一一登上了历史舞台，政治结构上的这一重要变化促使各诸侯国发展起各具风格的政治、经济、军事格局和多元化的文化样式，从而为以后战国秦汉文明各方面的演进奠定了基础。齐桓公即位后，建立起齐国的霸权，引起政治、经济、文化上一系列改革，是中国历史发展的一个重要里程碑。

鲍叔牙荐管仲为齐相

鲁庄公九年（前685）齐鲁乾时之战，鲁军失败后，齐大夫鲍叔牙率领军队，代表齐桓公前往鲁国，表达齐国意愿。公子纠是齐桓公的胞兄，齐不便亲自处置，就请鲁国把公子纠杀掉。公子纠的辅佐管仲和召忽是齐的仇人，请把他们交给齐国处置。于是鲁国在生窦（今山东荷泽县北）杀掉公子纠，并将管仲、召忽交给鲍叔牙。召忽不愿返齐，遂自杀身亡。管仲坐在囚车里随鲍叔牙返齐。到达齐、鲁交界的堂阜（今山东蒙县西北），鲍叔牙放出管仲。回国以后，鲍叔牙对齐桓公说，管仲是天下奇才。您若仅仅治理齐国那么由高傒和我辅佐即可；您若要称霸天下，则非管仲不可。齐桓公不记射中带钩之仇，以亲自出城迎接之礼礼遇管仲，任命他为齐相，主持国政。

管仲相齐后，一心辅佐齐桓公的霸业，对齐国很多方面都进行了大刀阔斧的改革。在政治上，他推行国、野分治的参国伍鄙之制，即由君主、二世卿分管齐国，并在国中设立各级军事组织，规定士、农、工、商各行其业；在经济上，实行租税改革，对井田视其肥瘠而分等征税，并采取了若干有利于农业、手工业发展的政策；在管理上，他主张礼法并用，礼以使人知廉耻、法以使人守规矩。

在国内政治经济形势得到稳定和改善的基础上，管仲积极促使齐桓公采取尊王攘夷、争取与国的方针，以建立霸权。所谓"攘夷"，是对侵占华夏地区的戎、狄进行抵御。前649年，扬拒泉皋之戎入侵王室地区。此后二年，以齐为首的诸侯国派兵戍守王都。前644年，山戎伐燕，齐军救燕。前661年狄人攻邢（今河北邢台境内），次年灭卫（今河南淇县）。其后二年，以齐为首的诸侯国恢复卫国，另建卫都于楚丘（今河南滑县东）。所谓"尊王"，即尊崇周王的权力。前655年，齐军与诸侯军伐楚，迫使楚国向王室贡送蚕丝（一说为包茅）。在葵丘之会的盟辞中，有诛不孝、无得更易太子、不允许以妾为嫡妻、不得私自分封国邑等条文，目的皆在于维护周天子下的宗法制度。所谓争取与国，是运用军事、经济手段来取得中小诸侯国的支持。谭（今山东济南东）、遂（今山东肥城西南）等国曾蔑视齐国，被齐灭掉。服从者来朝聘，齐取厚报。前651年，由齐国召集葵丘之会，确定诸侯国间不得筑堤防雍水来危害邻国，不得有意不卖给邻国粮食。

管子是中国历史上第一个具有独创性的政治家和经济学家。他对内实行的参国伍鄙之制既巩固了齐桓公的权力，又使整个国家井然有序，从而不但为齐桓公首先称霸提供政治上的保证，而且对后世中国政治制度产生了深远影响；他对外推行的"尊王攘夷"政策以尊崇周王号召民心，收到了"万国事朝"的实利结果。他在经济上实施的租税改革政策和发展手工业、商业的政策在短时间内使齐国国力大为增加，为其称霸准备了物质条件。管仲的这些政策使齐国即使霸权衰落也仍然保持着大国的地位。

不仅如此，他还发展了齐国的文化，托名于他的《管子》一书大多数就是以他为首的齐国思想家的思想结晶。

管仲

齐鲁长勺之战

即位不久的齐桓公，不听主政大夫管仲内修政治、外结与国、待机而动的建议，于周庄王十三年（前684）春发兵进攻鲁国，企图一举征服鲁国。

鲁庄公正准备迎战，有一个读书人曹刿

春秋时期青铜戈

求见，他问鲁庄公凭什么与齐交战，庄公说，暖衣饱食，不敢独自享受，一定分给他人。曹刿说，小恩小惠不能施之于众人，老百姓不会因此跟随你。庄公又说，祭祀用的牛羊玉帛，不敢夸大其辞，祝史的祷告一定如实反映。曹刿说，这种诚心不能代表一切，神灵不会因此赐福。庄公接着说，大大小小的案件，我虽然不能一一洞察，但必定按照原则情理处置。曹刿赞扬道，这才是为老百姓尽力尽心，可以凭此与齐军一战。

鲁庄公与曹刿同乘一辆战车。率鲁军在长勺（今山东莱芜东北，一说曲阜北）与齐军对阵。庄公准备击鼓进攻，先发制人，被曹刿劝止。齐军见鲁军按兵不动，便再三发起冲击，均未奏效。几次冲击后，齐军士气沮丧，而鲁军斗志昂扬，曹刿这时才让庄公击鼓进攻，齐军被击溃。庄公急于追击，曹刿恐怕齐军诈败，下车细看齐军车辙痕迹已乱，又登车眺望齐军旌旗已倒，方让庄公下令追赶齐军，终将齐军逐出鲁境。

此战鲁国取胜的原因一在民心所向，一在采取后发制人，敌疲再打的防御战术。

楚伐蔡灭息

蔡（今河南上蔡）、息（今河南息县）皆为姬姓国。蔡哀侯与息侯都娶陈侯的女儿为妻。周庄王十三年（前684）九月，息侯夫人妫经过蔡国回娘家，蔡侯对她无礼挑逗。息侯知道后非常愤怒，便请求楚国伐蔡。楚军攻陷蔡国，俘虏蔡哀侯。蔡哀侯对楚文王极言息妫的美貌，于是楚军在归途中顺道又灭了息国，掳回息妫。

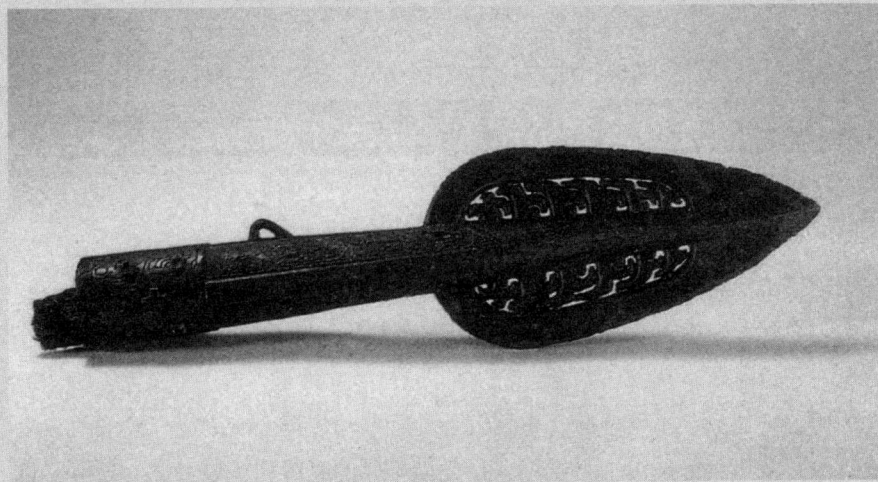

击刺兵器，矛叶透雕云纹，一侧有环形系。此矛纹饰精美，为楚国兵器中的典型器物。

宋公栾戈。胡部有错金鸟篆铭文六字，正面四字，背面两字，全铭为"宋公栾之造戈"。宋景公名栾，公元前 516 年即位。制作精工，字体优美。

齐桓公会诸侯于鄄·齐开始称霸

周僖王三年（前 679）春天，齐桓公再次召集宋桓公、陈宣公、卫惠公、郑厉公在鄄（今山东濮县东 20 里）会盟，各诸侯共同承认齐国的盟主地位，齐桓公开始称霸。

桓公即位后，不计前嫌，重用管仲，管仲辅佐桓公在政治、经济两方面施行改革政策，齐国国力日益强盛。凭借雄厚的经济和军事力量，齐桓公意欲向外发展，管仲相应地积极促使桓公采取尊王攘夷、争取与国的方针，以建立霸权。

所谓"尊王"，即尊崇周王的权力。当时周王室虽已衰微，但名义上仍是姬姓各国的大宗和天下诸侯的共主。"尊王"的实质是以尊崇王室为标榜，而以号令天下为目的，所谓"攘夷"，是抵抗北方少数民族戎、狄对中原的侵扰，捍卫华夏诸侯国的安全。"争取与国"是指与诸侯各国结好。尊王攘夷、争取与国的方针顺应时势，齐国逐步走向霸主地位。

周僖公元年（前677），齐桓公为平宋国内乱，召集宋、陈、蔡、邾等诸侯在北杏会盟，开创春秋时代以诸侯主盟会的先例，并于会后派兵将借故不参加结盟的遂国灭掉。到了本年春天，齐桓公再会宋、陈、卫、郑等国诸侯，齐国的盟主地位被诸侯各国所共认，齐国踏上霸主地位。

然而，郑厉公其实并不甘心承认齐国的盟主地位，而力图恢复其父郑庄公的功业。周惠王元年（前676）姬阆（周惠王）即位，郑厉公与虢公、晋君一起在陈国迎立王后，显示出积极参与王室事务的决心。此后郑、齐关系恶化，而鲁国也接着背弃齐国。周惠王三年（前674）春天，郑厉公与虢公丑响应姬阆之召，讨伐王子颓，帮助姬阆复国，杀王子颓及其党羽。郑厉公因平定王室之乱立有大功，姬阆把

莲鹤方壶。春秋青铜制盛酒或盛水器。壶盖顶部饰双层莲瓣，中立一鹤。纹饰写实生动，突破了商周传统青铜器艺术狞厉、威严的风格，而成为春秋时期时代精神的反映。战国以后，青铜壶盖以立鸟为饰的渐多，立鹤方壶为此类器物的已知最早实例。

虎牢东面的郑武公旧地赐给他以作报答。郑厉公的一系列活动,动摇着刚刚开始称霸的齐桓公的事业,但他不久就去世,郑国随之国势日衰,力量已不足以与齐国抗衡。周惠王十年(前667)夏,郑国表示服从齐国,齐桓公于是又一次与鲁、宋、陈、郑国君在幽会盟。周惠王眼见齐国势大,就派召伯廖赴齐,赐命桓公为侯伯(诸侯之长),此举表示周王室正式承认齐桓公的霸主地位。

齐等五国会盟于北杏

周僖王元年(前681)春天,齐桓公召集宋、陈、蔡、邾等国诸侯在北杏(今山东东阿县境)相会,商讨平定宋国由南宫万引发的内乱之事。这是春秋中第一次撇开周王室而由诸侯主持的盟会。

齐国创立了春秋会盟制度,齐桓公的霸业开始建立。

齐国联盟攻郑

周僖王四年(前678),郑国攻击宋国。郑、宋两国都于上年参加在鄄由齐国主持的会盟,齐桓公认为郑国攻击联盟之内的宋国,是一种背盟行为。本年夏天,齐国会同宋、卫两国军队讨伐郑国,郑国屈服。至本年十二月,齐桓公又与鲁、宋、卫、郑、许、滑、滕国国君在幽(宋地)会盟。齐国率联盟攻郑是维护和巩固联盟的行动,齐桓公从而巩固了自己的盟主地位。

齐桓公大义灭亲杀哀姜

周惠王十七年（前660），同庆父私通的哀姜被其兄齐桓公杀死。哀姜和妹妹叔姜同嫁鲁庄公，与奸夫庆父合谋杀闵公，意图立庆父为君。庆父亡命于莒后，她也逃到邾国（今山东曲阜东）。齐桓公大义灭亲，将她抓获，杀之于夷（今山东即墨县西）。

楚国开始强盛

周惠王五年（前672），楚王堵敖欲杀其弟熊頵，頵逃往随，与随军袭击并杀死堵敖，自立为楚成王。

周惠王六年（前671），楚成王派遣大使朝见周惠王，周惠王赐楚使祭肉说："命令你镇压南方夷、越之叛乱，不要侵害中原。"之后，楚国不断内部巩固，国力渐渐强大。

周惠王十一年（前666），楚成王令尹子元掌握国家大权。他率领600乘战车讨伐郑国，攻入郑国远郊的桔木失之门，楚军车队从郑国都城外郭的纯门进入，到达大路上的市场。由于诸侯国军队救援郑国，郑国才没有撤离都城，这期间，楚国又打败申、息、邓等国，开阔疆土，开始强盛起来。

齐桓公伐楚

周惠王二十一年（前656）春天，齐率诸侯共同伐楚。到夏天，楚国派大夫屈完到诸侯国军队营地议和，双方各自退兵。

周惠王五年（前672），楚成王即位，国势得以不断壮大。成王先后灭掉了申、息、邓等国，多次伐黄、伐隋，气势逼人，意图北上称雄。郑国畏惧于楚国强大，准备依附楚国。

楚国的北进，直接威胁到中原各诸侯国的利益，特别是作为华夏各国盟主的齐国更加不能容忍。为了对付楚国咄咄逼人的攻势，齐桓公一面加强中原诸侯的联盟，一面分化楚之盟国。周惠王十八年（前659），齐桓公召集鲁、宋、郑、曹、邾等国诸侯商议援助郑国。去年（前657）有江、黄两国背弃楚国而与齐桓公结盟于阳谷（今山东阳谷县北）。这样，齐、楚两大强国就处于直接对抗的局面。

本年春天，齐桓公率领齐国及宋、卫、陈、郑、鲁、许、曹共八国军队讨伐新近倒向楚国的蔡国，蔡军不敌而溃，诸侯联军进而南下伐楚，直抵楚国边境。楚成王眼见中原诸侯联军声势浩大，便派遣使者去质问桓公："齐国与楚国相隔遥远，风马牛不相及，不知道您带领大军到我们这里来有何目的？"管仲答道："我国先君受命辅佐周王室，楚国没有丝毫贡物献于王室；周昭王南巡，又死于汉水，因此来问罪楚国。"楚使只承认不纳贡品的不是，不承担昭王之死的责任。齐桓公于是率诸侯联军进军到陉（陉山，楚之北塞，今河南漯河市东），双方军队在此相持不下。

到了夏天，楚成王见诸侯联军没有退却的迹象，便派大夫屈完到联军请求停战和谈。齐桓公带联军退至召陵（今河南偃城东），排开强大的阵势，然后带屈完去观看，炫耀地说："率领这样强大的军队去打仗，有谁能够抵挡？用这样强大的军队去攻城，有什么样的城市不能攻克？"屈完回答说：

"倘若您以德行去感召诸侯,谁会不钦服?倘若您以武力来威胁我们,那么我们将以楚国长城和汉水作为屏障坚守到底,联军兵再多,恐怕也没有用。"齐桓公听了屈完之言,知道很难使楚国屈服,便在召陵与屈完签订盟约修好,双方各自退兵。

齐桓公助邢复国

齐桓公称霸初期,南面强楚北上,北面戎狄南下。戎狄所到之处,杀人毁城,破坏惨重。

周惠王十五年(前662),游牧于今之山西东南部的赤狄大举进攻邢国。此时齐桓公刚刚率军讨伐山戎回来,在管仲的劝诫下不顾劳顿出兵救邢,击败狄军。周惠王十八年(前659),赤狄再次攻邢,邢军溃败。齐国又与宋、曹联合出兵援救,赤狄军战败。这时,邢国都城历经战乱,残破不堪,而且靠近赤狄活动区域,于是桓公帮助邢国将都城迁于夷仪(今山东聊城西),又让齐、宋、曹三国军队协助邢国筑城。邢人迁到新都之后,桓公又派战车百乘和士兵千人助邢防守。

春秋石磬。陕西凤翔秦公墓出土。按古代规制,只有天子举行的仪典上能用玉磬,诸侯只能用石磬。

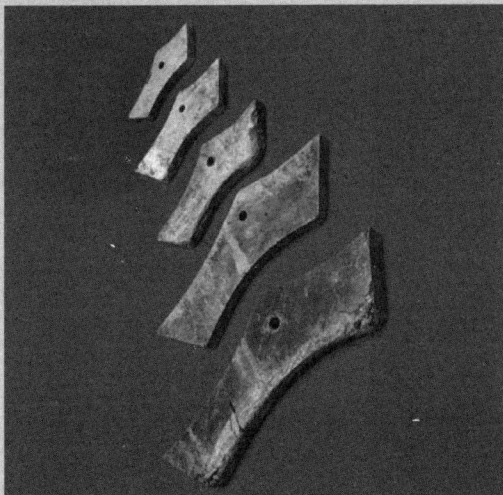

019

晋发生骊姬之乱

晋献公有子8人，立齐姜所生之申生为太子。周惠王五年（前672）晋灭骊戎，带回骊姬及骊姬妹，晋献公对骊姬姐妹宠爱有加。骊姬生子奚齐，想要使奚齐立为太子，便与献公近臣梁五等勾结准备利用机会除掉太子申生。周惠王十一年（前666），献公听信骊姬等谗言，命申生出居曲沃（今山西

垂鳞纹有流鼎，春秋中期晋国青铜饪食器。有盖，双附耳，椭圆腹，三蹄足。盖钮作立兽形。口沿处有虎首形流。口沿下饰窃曲纹，腹饰垂鳞纹。

闻喜东北），公子重耳出居蒲城（今山西隰县东北），公子夷吾出居屈（今山西吉县北），献公则与骊姬、奚齐居于都城绛（今山西翼城东南）。晋人皆知太子申生不得立，大夫士劝太子逃亡，申生不听。周惠王二十二年（前655）骊姬叫太子在曲沃祭其母齐姜，带回祭肉献于献公。骊姬乘献公刚去出猎的机会，派人在祭肉中下毒。献公回来准备吃祭肉，骊姬劝止，将祭肉置于地上，地隆起，又将祭肉给人、狗分食，人、狗皆死，骊姬假装痛哭，谗毁太子。太子申生听到消息出奔曲沃。有人劝太子：下毒者乃骊姬，太子为何不向献公辩明是非。太子答道：我父年老，没有骊姬则寝食不安。"又有人劝太子逃亡，太子说：我背上恶名，谁肯接纳我？于是自杀身亡。公子重耳逃归蒲城、公子夷吾逃归屈城。晋献公又派兵伐蒲、伐屈，重耳奔翟，夷吾奔梁，其他群公子亦相继被逐。

骊姬之乱，造成晋国一系列的王位争夺，直到重耳归国，这场斗争才终于结束。

兽形匜。春秋中期。盥洗器。此器造型精巧华丽，纹饰装饰性极强，为匜类奇珍。

秦穆公任用百里奚、蹇叔

周惠王二十三年（前654）晋灭虢、虞，将虞大夫百里奚作为秦穆公夫人的媵臣（男子之陪嫁者）派到秦国。百里奚逃亡到宛（今河南长葛北），被楚人捕获。秦穆公听闻百里奚贤能，想用重金赎他，又怕楚国人知道了不答应，于是用五羖（黑色公羊）羊皮赎他回来。这时百里奚已70多岁，秦穆公和百里奚相谈了三天国家之事，非常高兴，将管理国家的重任委托给百里奚，号称"五羖大夫"。百里奚相秦后，向穆公推荐他的朋友蹇叔，说：蹇叔贤能，世人不知。我曾经想投靠齐君无知，蹇叔阻止我，使我逃脱了齐国之难；我曾想投靠周王子颓，蹇叔阻止我，使我逃脱了周的灾难；我投靠虞君，蹇叔阻止我，我不听，于是逃不过虞的灾难。我两次听从蹇叔的话，得以逃脱灾难，一不听他的话，马上就遭了难。由此可见蹇叔是多么贤能。秦穆公听后，马上派人以重金迎请蹇叔，加封为上大夫。

秦穆公锐意强国，任用百里奚、蹇叔后，秦国日渐富强。因此也有人把秦穆公作为"春秋五霸"之一。

图为本世纪50年代大修后的灞桥新貌。大修时在原来的67跨桥墩上加固，因而桥墩数量和外型基本没有改变。

齐国会盟定周太子之位

　　周惠王王后宠爱少子带，惠王也有废太子郑而立王子带之意。齐桓公为巩固太子郑的地位，于周惠王二十二年（前655）夏天，召集鲁、宋、陈、卫、郑、许、曹等国诸侯与太子郑在首止（今河南睢县东南）相会。秋天，又在首止盟誓。周惠王对此大为不悦，便派周公宰孔召见郑文公，让郑投靠楚国，又保证晋国将援助郑国。郑文公心满意足，就逃走回国而不参加盟誓。齐桓公牵头直接干涉周王室的内政，表明齐国的霸王地位已被确认。

春秋前期盛食器。内底有铭文十八字，记鲁伯大父为其女季姬媵作媵簋。

齐桓公主持葵丘之会

姬阆（周惠王）晚年，想废掉太子郑而改立王子带，太子郑求助于齐桓公。齐桓公会8国诸侯于首止，明确表示对太子的支持，姬阆因而不敢废太子。周惠王二十五年（前652）年底，姬阆死，太子郑担心其弟带争位，密不发丧而求助于齐。周襄王元年（前651）正月，齐桓公率领诸侯与周之卿大夫结盟于洮（今山东鄄城西南），太子即位为襄王，然后发丧。同年（前651）夏，齐桓公召集鲁、宋、卫、郑、许、曹等国诸侯以及周王室的太宰周公在葵丘（今河南兰考县东）相会，订立盟约。盟约的主要内容有：①不要废嫡立庶，以妾为妻；杀不孝的人。②要尊重贤士，养育英才，表彰有德行的人。③敬老慈幼，照顾宾客行旅。④用人唯贤，国君不得专断独行。⑤各国间要有难互助，不要禁止邻国采购粮食；不要堵塞河流，以邻为壑。此次会盟誓词所揭示的精神意在维护宗法制度嫡庶的大小，意在发扬周文化尊贤崇德敬老慈幼的精神，意在阻止国际间的垄断与竞争，缓和情势，以谋合作。姬郑（周襄王）感激齐桓公的恩德，特意派宰孔到葵丘把祭肉赐给他。宰孔说，周天子祭祀文王、武王，派我把祭肉赐给伯舅。齐桓公正准备下阶跪拜，以表示感谢，宰孔忙说，还有下面的命令，天子派遣我说，因为伯舅年纪大了，特加上功劳，赐给一等，不用下阶跪拜。管仲劝说齐桓公这样不可，所以齐桓公回答说，天子的威严不离开颜面咫尺之远，我岂敢受天子之命而不下拜？于是，齐桓公下阶跪拜，然后才登上台阶接受祭肉。此年秋，齐桓公和诸侯又在葵丘盟誓。誓辞说，凡我同盟之人，既盟之后，言归于好。在葵丘之会上齐桓公高举"尊王"的大旗，对周天子表示了特别的尊敬。

尽管他年事已高，却坚持用跪拜的大礼接受天子赐与的胙肉。齐桓公九合诸侯，以葵丘之会为最鼎盛。葵丘会盟是齐桓公霸业鼎盛的标识。

管仲平戎于周

管仲当上齐国宰相后，倍感桓公既往不咎，用之不疑之恩，倾全力报效齐国。他在协助齐桓公治理国家的同时，以"尊王攘夷"的措施建立齐国的霸主地位，甚至亲自实施这一措施。周襄王三年（前649）夏天，王子带召集扬、拒、泉、皋和伊雒等地的戎人攻打周朝都城洛邑，秦国和晋国派兵勤王，击败了戎人。这年秋天，晋惠公派人与戎人谈判，希望媾和，但没有成功。前648年冬天，齐桓公派管仲去完成这一艰巨任务，管仲不辱使命，凭其过人的外交才干促成了戎与周的和议。为酬谢管仲，周襄王以上卿之礼款待管仲，管仲辞而不受，并对襄王说："我只是一个地位低贱的陪臣，君待我以上卿之礼，愧不敢当，齐国真正的上卿是桓公任命的国氏和高氏。"管仲最终只接受了下卿之礼。管仲的才智和谦逊深得各国人的敬佩。

秦晋韩原之战

晋惠公之立，得力于秦，但他却恩将仇报。秦穆公夫人秦穆姬是晋惠公同父异母之姐，晋惠公自秦返晋时，秦穆姬将太子申生之妃贾君嘱托给他，又让他把流亡在外的晋公子都接回晋国。可是，晋惠公返国之后却与贾君同居，又不接纳群公子，秦穆姬很恼怒。晋惠公曾答应给秦的财物、土地和五座城邑，后来也食言不给。晋有饥荒，秦运去粟米；秦有饥荒，晋却拒秦人于境外。晋惠公的多恶使一向讲信义的秦穆公忍无可忍，决心惩诫他。周襄王七年（前645）秋，秦穆公率军伐晋。出发前，卜徒父占筮，得大吉大利之兆。秦、晋双方交战，晋军三次败北，退到韩地（今山西河津县东南）。晋惠公询问庆郑，

春秋陶簋

如何对付秦军。庆郑认为这是惠公自己酿成的恶果，无法可想。晋惠公认为
庆郑放肆无礼，在占卜选择车右武士时，尽管庆郑吉利，也不任用，而让家
仆徒充任，又让步扬驾御战车。晋惠公用郑国进献的小驷马驾车，这种马外
强中干，进退旋转都不尽人意，庆郑劝他换掉，晋惠公不听劝告。此年九月，
韩简侦察敌情后说，秦军人数虽比晋少，但勇于战斗的武士却超过晋一倍。
晋惠公派韩简到秦军约战，韩简预料晋军必败，故不愿从命。由此可见晋惠
公深背民心。在秦国，由于秦穆公爱戴百姓、信守仁义，故深得民心。百姓
闻知秦国将与晋国作战，纷纷踊跃报名参战。是年九月十四日，两军在韩原（今
山西河津、稷山间），展开了决战。战争中，秦军一度处于劣势，秦穆公也
被围困于晋军之中。这时，曾受恩于秦穆公的300名歧下野人（他们曾宰食
了秦穆公丢失的良马，但秦穆公没有处治他们，而是将他们赦免了）冲锋陷
阵，以自己的生命救出了秦穆公。后来，秦军就发起了反击。在秦军的顽强
打击下，晋军节节败退。晋惠公的小驷马陷在烂泥中盘旋不出，向庆郑求救，

春秋原始瓷刻纹筒形罐

春秋云雷兽首方耳三足鼎

庆郑深恨惠公不听劝告，违背卜兆，认为这是他咎由自取，根本不愿救他，惠公遂被秦军俘虏。

晋惠公被俘，举国哗然。同年十月，晋大夫瑕吕饴甥代表晋与秦穆公会见，并在王城（今陕西大荔县东）盟誓。秦穆公询问晋人意见是否一致。瑕吕饴甥说，晋国的小人以失去国君为耻辱，并且哀悼战死的亲属，所以立圉为国君，准备报仇。晋国君子爱护国君，而又知道他的罪过，所以等待秦国的决定，准备报答秦国的恩惠。因此，晋国内部的意见并不一致。秦穆公又询问晋人估计晋惠公将被如何处置，瑕吕饴甥说，晋国的小人忧愁，认为他不会被赦免。晋国的君子宽慰，认为他一定回来。小人说：我们愧对秦国，秦国岂能让国君回来？君子说：我们已经知罪，秦国一定会以德报怨，让他回来。秦穆公说，

春秋云雷纹兽首提梁壶

晋国君子所言正是自己的愿望。王城之盟以后，秦改变了晋惠公的待遇，让他住进宾馆，还馈送七副牛、羊、猪等食用物品。此年十一月，晋惠公返回晋国。

经过韩原之战，秦国的国威得到空前彰扬，秦国的国力得到大大加强，秦穆公的地位日益巩固和提高，一个称霸中原的秦国从此迅速崛起。

公子重耳返晋为君

在周惠王二十一年（前656）的骊姬之乱中，晋公子重耳败于晋惠公。第二年，他从蒲（今山西隰县西北）邑出逃，离开晋国，开始流亡生活。当时，跟随重耳的谋臣主要有狐偃、赵衰、颠颉、魏武子、司空季子等。重耳先到翟。

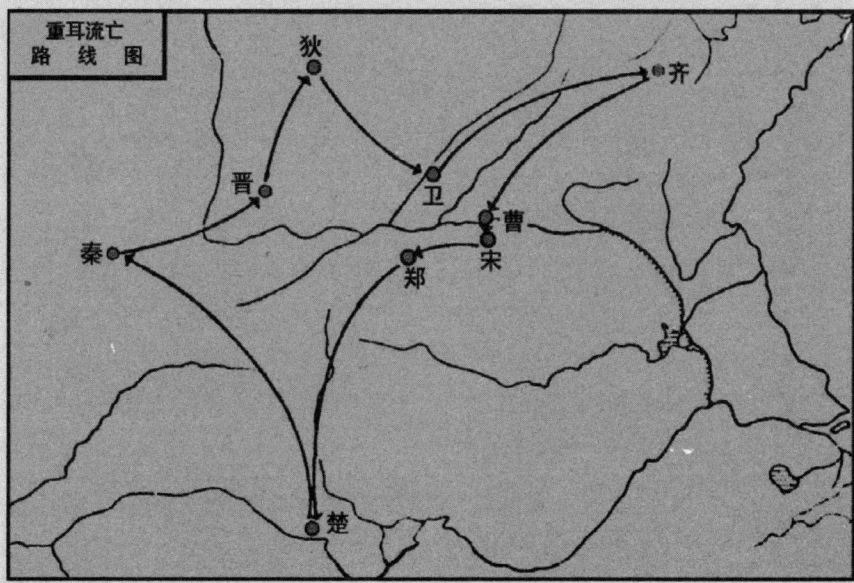

重耳流亡图

翟人讨伐廧咎如（今河南安阳市西南），得叔隗、季隗两名女子，送给重耳。重耳娶季隗，生下伯鯈、叔刘。重耳把叔隗给赵衰为妻，生下赵眉。重耳去齐国前对季隗说，等我25年，不回来再出嫁。重耳在狄居住凡12年。

　　周襄王八年（前644），惠公害怕重耳夺，派宦官勃鞮杀重耳，重耳又从翟国逃到齐国，齐桓公为他娶妻，给他80匹马。重耳安于齐国生活，随行者认为，长此以往，难成大业。他们来齐途经卫国，卫文公不以礼相待，经过五鹿（今河南濮阳南）时，无食充饥，向乡下人讨食，乡下人以土块相送，重耳发怒，要鞭打此人。子犯认为，这是上天赐土地之兆。重耳叩头接受，把土块装上车。重耳的随从在桑树下商量如何离开齐国，被采桑养蚕的侍妾听到，告诉重耳在齐所娶的姜氏。姜氏杀死侍妾，以免走漏消息，并劝重耳离齐，认为留恋

兽面纹陶范。山西侯马古代晋都遗址出土。

妻子、贪图安逸，将会败坏名声。重耳不肯，姜氏与子犯将重耳灌醉，然后送重耳离开齐国。

到达曹国时，曹共公听说重耳的肋骨排比很密，趁他洗澡时，在帘外偷看。曹大夫僖负羁听从其妻子之言，向重耳馈送食品，里面还藏有玉璧。重耳收下食品，退回玉璧。

重耳到宋国，宋襄公宴请了他，并赠80匹马。到郑国，郑文公无礼相待。到楚国，楚成王宴飨他，并问如何报答。重耳推辞不过，便说，如果托您的福，得以返回晋国，一旦晋、楚两国交战，在中原相遇，我将命军队退避三舍。如果还得不到您的宽大，我就左手执鞭执弓，右边挂着弓袋箭袋，与您较量。重耳到秦国，秦穆公送给他五名女子。并设享礼招待。席间，重耳赋《河水》之诗，比喻重耳到秦，犹如河水朝宗于海。秦穆公赋《六月》之诗，暗喻重耳为晋君之后，必然称霸于诸侯并匡佐天子。赵衰急忙让重耳拜谢秦穆公的恩赐，秦穆公走下一级台阶辞谢。此时秦穆公已决定支持重耳返晋。

周襄王十六年（前636）春，秦穆公派兵护送晋公子重耳返晋。到达黄河时，子犯把玉璧还给重耳说，下臣背着马笼头、缰绳，跟随您巡行天下，罪过很多，请就此而别。重耳将玉璧投入大河，请河神为证，将来决不对子犯变心。渡过黄河以后，包围令狐（今山西临猗县西），进入桑泉（今山西临猗县临晋镇东北），占领臼衰（今山西解州西北）。此年二月，晋军驻扎在庐柳（今山西临猗县北）。秦穆公派遣公子絷到晋国军队里陈说利害。晋军退驻于郇（今山西临猗）。晋国大夫在郇与狐偃以及秦国大夫结盟，支持重耳。重耳便到晋军中指挥。进入曲沃（今山西闻喜县东）之后又到达晋国都城绛（今山西翼城县东南）。重耳在晋武公宗庙朝见群臣，其后，派人在高梁（今山西临汾市东北）杀晋怀公，重耳继位，是为晋文公。

晋文公即位后，原先支持晋惠公的吕、郤两家贵族害怕逼迫，准备焚烧宫室并将晋文公杀死。寺人披得知消息，请求进见。晋文公拒绝接见，并派人责备他：过去重耳住在蒲城（今山西隰县西北），国君命令你前往讨伐，让你次日到达，你却当天就到达。其后，重耳逃奔到翟，与翟君在渭水边打猎，你前往谋杀，惠公命你三天到达，你却两天就到。虽有君命在身，便也未免太快了吧？伐蒲时，被你砍掉的重耳衣袖还在，你还是走开了吧！寺人披回

031

答说，臣下执行国君命令，一心一意除去国君所厌恶的人，现在您做国君，也会希望臣下这样。过去齐桓公曾把射钩之仇搁置一边，而让管仲辅助他。我可以离开，不过国君将要大难临头。晋文公认为他言之有理，便立即接见他，方知吕、郤两族作乱的阴谋。此年三月，晋文公和秦穆公在王城（今陕西大荔县东）秘密会见，商量对策。三月底，吕、郤两族焚烧宫室，但未找到晋文公。瑕甥和郤芮见势不妙，逃离晋都，到黄河边上，秦穆公把他们诱骗执获，然后杀掉。晋文公迎接他在秦国娶的夫人嬴氏回晋，秦穆公送给晋国三千名精悍卫士。

同时，晋文公既往不咎，接见了头须。头须是跟随晋文公管理财产的人，晋文公逃亡在外时，他曾携带财物离之而去。周襄王十六年（前636）晋文公返国之后，头须请求进见。晋文公责问他还有何面目进见，头须说，现在，君主返国继位，与君主有宿怨者人人自危，而不愿事奉国君。下臣席卷财物而逃之事尽人皆知，这罪过就是灭我十族也不过分。您若能赦免我的罪过并和我同乘一车在都城行走，大家必定认为您不念旧怨，人心就可安定。晋文公采纳头须建议，晋国民心迅速得以安定。晋文公的机智、勇敢与仁慈、宽厚无不预示着他将成为中原霸主。

晋文公安定周室始作霸主

子带是周惠王宠子，周襄王之弟。与戎、狄早有联系。周襄王三年（前649），他召集成周附近的戎人攻入王城，焚烧都城东门。次年秋，子带逃奔齐国。周襄王十四年（前638）秋，周大夫富辰建议周襄王将子带召回。子带遂返回京师，受封于甘（今河南洛阳市南）。子带回周以后，与狄女隗氏通奸，襄王遂废除隗氏的王后之位。当初受襄王指派，与狄人联系的周大夫颓叔和桃子，奉事子带攻打周襄王。周襄王侍卫准备抵御，襄王不允，自己离开成周，到达坎颎（今河南巩县东南）。但是，都城民众不答应，又将襄王接回。此年秋，颓叔和桃子奉事子带，领狄军进攻成周，周军大败，周公忌父、原伯、毛伯、富展等贵族大臣被俘。周襄王离开成周，逃到郑国的氾（今河南襄城县南）。子带和隗氏住在温（今河南温县西南）。冬，周襄王派使臣到鲁国报告祸难说，寡人缺乏德行，获罪于母亲的宠子子带。现在我僻处在氾地，谨以此报告。周襄王又派周大夫简师父、左鄢父分别到晋国、秦国报告，以争取其支援。鲁僖公二十五年（前635）秦穆公率军驻扎在黄河边上，准备送周天子回朝。狐偃认为，晋要得到诸侯拥护，没有比勤王更见效的了。既可以得到诸侯信任，又合乎大义。继续晋文侯的事业，宣扬信义于诸侯，在于能否争得勤王首功。

兽头陶范，山西侯马古代晋都遗址出土。这里出土有大量精美的铸铜陶范，证明这里曾大批铸造过青铜器。

晋文公命卜偃占卜，得黄帝阪泉之战的吉兆；又命占筮，也是吉兆。于是晋文公辞退秦军，顺流而下。三月十九日，晋军驻扎在阳樊(今河南济源县东南)，晋军右翼部队包围温，左翼部队迎接周襄王。四月初三，周襄王返归王城。然后，从温邑擒获子带，把他杀死在隰城(今河南武涉县境)。子带之乱至此以文公纳襄王结束。

周襄王十七年(前635)晋文公诛杀王子带，护送周襄王返回都城，勤王有功，周襄王设宴款待，并允许晋文公向自己敬酒。晋文公得寸进尺，请求襄王，自己死后能用天子葬礼用的隧道安葬。周襄王说，这是天子的典章。现在还没有人能取代周王室，使两个天子并存，那样也是您所不喜欢的。周襄王宁肯损失土地，也不愿损害周礼，他将阳樊、温、原、攒茅等地的田地赏赐给晋文公。晋人开始开辟南阳(今河阳新乡一带)的疆土。阳樊人不服，晋国军队将阳樊包围，阳樊人苍葛厉声说，德行用来安抚中原国家，刑罚用来威慑四方夷狄。你们这样做，我们岂能降服？这里都是天子的亲戚，能像对待俘虏那样对待他们？晋文公听后，认为是君子之言，遂解除对阳樊的包围。国人闻知，亦深为感戴文公。

周襄王十九年(前633)，楚国围攻宋国，晋文公攻打楚的卫星国曹、卫二国以救，晋楚爆发城濮之战。晋纠合宋、齐、秦等国的军队战胜楚国。战后，文公设立了他不能享有的三军，图谋称霸。第二年，晋大败楚国，晋文公将战俘及战利品献给周室，以求封赏。周天子派钦差大臣王子虎封晋文公为侯伯(诸侯首领)，并赐给他侯伯应当享受的礼遇。晋文公欲擒故纵，再三辞谢，而后才叩首受封。周室为此还专门作了一篇《晋文侯命》以颂其功。文公受封之后，又增设了三军，公开僭越天子之位。晋文公自此开始了霸业。

春秋时期邾国盛而又衰

　　春秋时期强凌弱以大欺小，许多中小国家由附庸而至灭亡。但是，由于在国间的图霸争衡，互相制约，有些小国亦得以幸而保存，邾国的盛衰便是一则。

　　邾即后世所称之邹，为曹姓古国。春秋时期，邾为三等小国，其地在今山东邹县东南。春秋时期邾为鲁国之附庸，中原诸侯往往视之为蛮夷，参加盟会时没有"书爵"的资格。周僖王三年（前679），邾国的军队追随刚成为霸主的齐桓公的军队伐郳，此后才得以列爵于诸侯。

　　进入春秋中期后，邾之国势渐强。与鲁喜公同时在位的邾文公为政贤明，他和他的继任者邾定公力图摆脱为鲁附庸的地位，曾经大败鲁国军队。邾文公死时，鲁国使者吊丧不敬，邾竟代鲁讨罪。此后邾国依偎于齐鲁之间。

　　邾国最强盛的时期是在邾宣公与邾悼公时代，即约周灵王在位时期（前

邾公　钟，春秋乐器。

531～前545）。其后发生内乱，国势渐衰。至春秋时期，邾国接连受鲁侵伐，甚至国君被俘，几濒于亡。但是由于吴国和齐国对鲁的制约，终春秋之世，鲁国始终无法灭邾。

邾虽然受此强大的鲁、齐等国欺负，但同时也欺负比他更弱小的国家。鲁宣公时，邾国曾弑杀鲁附庸曾国的国君；鲁昭公时，他又差一点灭掉另一小国鄅。整个春秋时代的局势，就是在这种以大并小、弱肉强食的过程之中演变。

邾国的青铜彝器保存到后代的很多。传世名器有邾公经编钟，邾公华钟，邾公钅乇钟等等。

者减钟，春秋乐器。

晋楚大战于城濮

周襄王十八年（前634），鲁僖公联合楚军伐齐，攻占齐国的谷（今山东东阿县境）地，楚派申叔率军帮助鲁国戍守谷地。

周襄王十九年（前633年）冬天，楚成王联合陈、蔡、郑、许等国军队围攻宋国。宋大夫公孙固到晋国求救。晋国君臣讨论对策。先轸认为当年晋文公流亡时，得到宋国的帮助，应该报答，而且救援患难，取得威望，成就霸业，在此一举。狐偃亦献一条拒楚救宋的策略，认为楚国刚刚得到曹国，又新近在卫国娶妻，如果攻打曹、卫两国，楚必定救援，那么宋、齐就可以免被楚攻。为增强军事力量，晋国在被庐阅兵，建立三军，并商量三军统帅人选。赵衰推荐郤縠，说他喜欢礼乐、重《诗》《书》，可以担任中军元帅。于是，晋文公任命郤縠为中军元帅，郤溱辅助他；任命狐偃率领上军，狐偃谦让给狐毛统率上军，自己辅助他；任命赵衰为卿，赵衰让给栾枝、先轸；任命栾枝率领下军，先轸辅助他（次年二月，郤縠死，先轸担任中军元帅，胥臣接替先轸为下军辅佐）。

周襄王二十年（前632）春天，晋文公为攻打曹国而向卫国借路，卫国不许。于是晋军回师，从南河（今河南淇县南）渡过黄河，侵袭曹国，攻打卫国。

此年正月初九，晋军攻占五鹿（今河南濮阳南）之后，晋文公和齐昭公在敛盂（今河南濮阳东南）会盟，增强抗击楚国的力量。接着，晋文公率军围攻曹国都城，晋军死伤甚众。曹军把晋军尸体陈列在城墙上，晋文公担心会影响晋军士气，于是采纳士兵之谋，声称要在曹人的墓地宿营。曹人害怕晋军毁坏其祖先的墓地，便把晋军尸体装进棺材运出城外。晋军乘曹人恐惧之机攻城。此年三月初八，晋军进入曹国都城。此时，宋国派大夫门尹般到晋军中告急。晋文公思忖，宋国情况危急，如果坐视不救，那就会断绝与宋的交往；假若请楚国解除对宋国的包围，楚必不答应；想与楚打仗，但齐、秦两国又不支持，不知如何是好。先轸建议让宋国暂时丢开晋，去给齐、秦赠送财礼，让齐、秦去向楚国求情。晋可以逮住曹国国君，并且分曹、卫的田地给宋国。楚与曹、卫关系密切，必不答应齐、秦的请求；齐、秦喜欢宋国财礼，而对楚国的固执不满，如此，则双方必有一战。晋文公认为先轸言之有理，下令拘执曹国国君曹共公，并把曹、卫的田地分给宋人。

与此同时，楚成王亦担心伐宋会使楚、晋直接冲突。于是，楚成王由伐宋前线退居于楚国的申（今河南南阳）。他命令申叔离开谷地，让仍在伐宋前线的令尹子玉离开宋国撤回。楚成王认为《军志》所说"适可而止"、"知难而退"、"有德行的人不能抵挡"等三条，对楚国考虑晋国之事都很合适。但子玉不听楚成王之言，派伯棼请战。楚成王发怒，不肯多拨军队，只有西广、东广和若敖的180辆战车跟去。这个子玉是由前令尹子文推荐的，在前633年准备攻宋前夕的演习中颇有成绩，得到元老们的认可。但苅贾却说："子玉刚强而无礼，千万不能让他治理百姓。他若领兵打仗，率兵车超过300辆，恐怕就不能回来。"作战前，子玉派大夫宛春到晋军中说，若恢复卫侯的君位，并退还曹国土地，楚就解除对宋的围困。晋文公和臣下商量对策。狐偃认为子玉的要求太无礼。要求君主给予的是复卫封曹两项，给晋侯的只有解除围困一项。先轸主张答应子玉的要求，因为子玉的话可使卫、曹、宋三国安定，如果不答应，就会使三国怨恨晋国。先轸建议晋国私下答应复卫封曹，以离间他们与楚国的关系，再将宛春逮捕，以激怒楚国，等晋、楚交战之后再做下一步考虑。晋文公按此办理，果然激怒楚国。子玉率军追逐晋军。晋军撤退，军吏认为是以君避臣，是耻辱。但狐偃认为，晋文公在外流亡时受过楚的恩惠，否则今天到不了这里。晋军退避三舍，就是回报。晋军后撤90里以避楚军锋锐。子玉以为晋军畏楚而退，长驱直入，陷入不利地位。

周襄王二十年（前632）四月初一日，晋文公、宋成公、齐国大夫国归父和崔夭、秦穆公之子小子憗率领军队驻在城濮（今山东范县南），楚军则背着险要的丘陵扎营。初二日，晋军在莘北摆开阵势，胥臣让下军分别抵挡随楚而来的陈、蔡两国军队。楚军主将子玉十分傲慢，他依靠若敖的180辆战车而率领中军，子西率领左军，子上率领右军。战斗开始时，晋将胥臣把马蒙上老虎皮，先攻战斗力最弱的陈、蔡两军，两军奔逃，楚军右翼部队溃散。狐毛派出两队前军追击楚军溃兵。栾枝用战车拖着树枝，使灰尘飞扬，假装逃走。当楚军追击时，先轸、郤溱率领晋国中军的禁卫军拦腰袭击。狐毛、狐偃率领晋的上军夹攻子西，使楚的左翼部队溃散。楚军大败。子玉由于及早收兵，其直属部队才免于溃败。晋军在城濮休整三天，吃楚军留下的粮食，到此月初六日才凯旋回国。

至于楚军主将令尹子玉的结果城濮之战子玉失败后，欲率兵返楚，楚成王派人对他说，随同您出征的申（今河南南阳）、息（今河南息县）子弟大多伤亡，如果回来，您如何向申、息父老交代？子玉知楚成王之意是迫令自己自杀，便走到连毂自杀。

至此，晋国在城濮之战大获全胜，挫败了楚国的锐气，从此奠定了晋的霸主地位。

此战中晋军"退避三舍"、后发制人、由弱至强各个击破的作战指导和成功的外交配合，丰富和发展了中国古代的军事思想。

宋都城商丘古城城墙遗址

秦晋围郑·烛之武退秦师

错银嵌绿松石铜方豆。河南汲县山彪镇出土的青铜盛食器。新石器时代有盛黍稷的陶豆，最早的铜豆见于商代。春秋战国时铜豆一般多为圆腹，方豆非常罕见。

周襄王二十二年（前630）九月，晋文公联合秦穆公率军包围郑国。晋军驻扎在函陵（今河南新郑县北），秦军驻扎在汜南（今河南中牟县南）。郑国大夫佚之狐见形势危急，便向郑文公建议，派烛之武去见秦穆公，敌军就一定会退走。烛之武推辞说，自己年富力强时，尚且不如别人，现在老了，更无能为力。郑文公说，我没能及早任用您，现在形势危急才来求您，这是寡人之过，请以国家安危为重而完成重托。烛之武这才答应，他乘黑夜用绳子从城上垂下来，进见秦穆公，说：
"秦、晋包围郑国，郑自知行将灭亡。如果郑灭亡而有利于君主，那还值得
劳动君主左右随从。然而，灭亡郑国只会给邻国增加土地，邻国强大，就是
您的削弱，如果赦免郑国，让它做东道主，那么秦来往使节就会大大方便。
再说，晋国的欲望很难满足。晋答应给秦国以焦（今河南三门峡市西）、瑕（今
河南陕县南）两地，但转眼就不认帐。晋国已向东边的郑国开拓土地，又欲
肆意开拓其西边之地。如果不损害秦国，它又如何西进？"秦穆公听后顿悟，
于是与郑文公结盟，又派遣杞子、逢孙、杨孙等人在郑国戍守，然后撤军返归。
晋军知道这件事后，狐偃请求攻击秦军，晋文公不允，认为若无秦的援助，
晋就没有今天。靠了别人的力量反而去败坏他，就是不仁；失掉同盟国家，
就是不智；用动乱代替整齐，就是不武。于是下令，撤军返归。

晋文公去世

　　晋文公，名重耳，晋献公子，母为狄族狐氏之女，有贤行。周惠王
二十二年（前655）因骊姬之乱，出奔至狄，后又辗转齐、曹、宋、郑、楚、
秦等国，在外颠沛流离达19年，直至周襄王十六年（前636），秦穆公发兵
助重耳归晋为君。

　　晋文公即位以后，内平吕郤之乱，修改政策，施惠百姓，增长国力。外
谋霸权。晋文公元年秋天，狄与王子带攻周襄王，襄王逃汜（今河南襄城南），
襄王十七年（前635）四月，晋文公收留周襄王，杀王子带，襄王归周。襄王
赐宝器、土地予文公，以其为方伯。晋文公四年（前633），楚成王及诸侯围宋，
宋有德于晋文公，晋伐卫、曹以解宋围，宋围得解，后又设计使卫、曹背楚，
楚将子玉盛怒之下，不听楚成王言，率兵击晋师，四月，晋、宋、齐、秦合
兵于城濮大败楚军。五月，晋献楚俘于周，周天子命晋侯为伯，作《晋文侯命》，
晋文公正式称霸于诸侯。周襄王二十年（前632）冬天，晋文公会诸侯于温（今

河南温县西），又派人召周襄王至河阳（今河南孟县）。随后文公率诸侯朝见襄王，在践土会盟（今河南厚阳西南）。晋文公以诸侯召襄王，是对周王室的大不敬，但也表明晋文公的霸业达到前所未有的地步，晋文公在成就霸业的同时，开始报复流亡期间待之无礼的诸侯国，晋文公五年（前632），晋伐卫，分其地予宋。同年，晋伐曹，俘虏曹共公。晋文公七年（前630）九月，晋国联合秦国，举兵伐郑，晋文公强迫郑国立公子兰为太子才退兵。在经济上，晋国向各小国征收贡赋，而且贪求无厌。

晋文公在位9年，于前628年去世，年70。晋文公在短时间内成就霸业，联秦抑楚，要挟周天子，其辉煌性胜于齐桓公。但晋文公不像齐桓公以德服人，建设性也不如齐桓公。

秦穆公厉精图治称霸西戎

秦穆公礼贤下士，千方百计罗致人才。百里奚本虞国大夫，虞败而被囚于楚，穆公知其贤而设法将他赎出，并授以国政；由余乃晋人，亡入戎，穆公知由余贤，设计使他弃戎入秦事穆公。

秦国在建国以后的50多年中，疆域始终局限于歧西之地。其后，宪公和德公两次迁都，疆土迅速扩大，一直至于雍（今陕西凤翔）。至宣公时，影响已及黄河西岸。秦穆公好胜图强，甫即位即致力拓展疆土，扩大势力。即位之初，他就讨伐茅津（位于今山西、陕西交界一带）之戎，灭掉梁、葭等小国，同时，他又助晋惠公返晋得位（前650）。中期，他以武力将陆浑之戎迁至伊州，将其原居地瓜州一带并入秦土，使其疆域及于黄河以西。这期间，他又以武力送公子重耳返晋（前636）即位为晋文公，进一步扩大了秦在晋的影响。

自得百里奚、由余等贤臣相助，秦穆公更是四处扩张。周襄王二十八年（前624），秦穆公以孟明视为统帅攻打晋国，以报殽之战（前627）之仇。孟明视因为屡战屡败，幸得穆公信赖才再度领军，故他率军渡黄河时，烧掉渡船，决心死战以报君恩。两军相交，秦军攻取晋国之王官（今山西闻喜县西），并推近到晋都郊野。

晋军坚守不出，秦军从茅津（今山西平陆县境）渡过黄河到郜（今河南洛宁县西北），为郜之战中死亡的秦军将士尸骨封土并树立标记，然后率军返秦。次年，穆公用由余之计，选送16名女乐给西戎王，戎王沉溺女乐，国政自衰。秦乘机攻伐西戎，大获全胜，将西戎十二国并入秦土，增加了纵深千里的土地。周襄王得知，派吕公过恭贺穆公，授之以铜鼓。秦遂称霸西戎。

春秋时期桑蚕纹尊，敞口，束颈，腹下部鼓出，圈足较高。颈部饰三角变形云纹和锯齿状纹。腹部饰四片桑叶，桑叶上布满蠕动着的小蚕，圈足上有锯齿状纹。口沿布满两个或三个一组头竖立着的幼蚕，形象十分生动。此尊应是春秋时期越人的制品。

赵盾主持晋国

晋国素以中军统帅兼秉国政。周襄王三十一年（前621）春，晋阅兵于夷之后，赵盾以中军统帅身分执掌晋国政权，狐射姑辅佐他。赵盾制定章程，修订法令，清理诉讼，督察逃亡，使用契约，革除弊政，恢复等级，重建官职，选拔贤能。政令法规规定后，赵盾把它交给太傅阳处父和太师贾佗，作为常规大法在晋国推行。

赵盾主政不久，周襄王三十一年（前621）八月十四日，晋襄公死，太子夷皋尚在襁褓之中。晋人因发生祸难之故，要立年长的国君。赵盾认为，应立公子雍。他好善而且年长，先君宠爱他，还为秦国所亲近。秦是晋国旧好，结交秦可安定晋国，缓解祸难。狐射姑主张立公子乐，公子乐之母受到怀公、文公两位国君宠幸，立其子，百姓必然安定。赵盾认为，公子乐之母辰嬴地位低贱，位次第九，其子必无威严。一妇而为两位国君所宠幸，这便是淫荡，公子乐居于小而远的陈国，这是鄙陋。公子雍之母杜祁由于国君的缘故，让位给逼姞而使她在上；由于狄人的缘故，让位给季隗而自己居她之下，所以位次第四。先君因此喜欢其子，让他在秦国出仕，做到亚卿。秦国大而近，有事足以救援，母有道义，子为先君喜欢，足以威临百姓。所以，立公子雍最合适。赵盾派先蔑、士会到秦国迎接公子雍返晋。狐射姑也派人到陈国召回公子乐，赵盾派人在郫（今河南济源县西）地将公子乐杀死。次年夏，秦康公给公子雍许多步兵卫士，送他返晋。此时，太子夷皋之母穆嬴每天抱太子于朝啼哭，指责赵盾背弃先君托孤之心。赵盾和众大夫都怕穆嬴，遂背弃前往秦国迎接公子雍的先蔑，而立太子夷皋为君，即晋灵公。然后发兵抵御护送公子雍返晋的秦军。晋国让箕郑留守，由赵盾率领中军，先克为辅佐；

枚形如覆帽。篆间及隧部均饰状若浪花的变形蟠虺纹。
铭文计 174 字。器主据铭文是齐国名臣鲍叔后裔。

荀林父为上军辅佐；先蔑率领下军，先都为辅佐。步招为赵盾驾御战车，戎津为车右武士。晋军到达堇阴（今山西临猗县东），赵盾整顿军队，快速行动，在令狐（今山西临猗县西）打败秦军。晋灵公的地位由此得到稳固。

为进一步巩固晋灵公的地位，赵盾还竭力争取诸侯的支持。周襄王三十二年（前620）秋，赵盾与齐、宋、卫、陈、郑、许、曹等国之君会盟于扈（郑地，今河南原阳西）。赵盾为主盟。此次会盟，既加强了晋君的地位，也开了大夫主盟诸侯的先河。赵盾执国政期间，维护了晋国在中原的霸主地位。在晋襄公死后（在位七年）。赵盾立太子夷皋为晋灵公，并因此与秦会战连年（前619～前615）。周顷王六年（前613）六月，赵盾召集宋、鲁、陈、卫、郑、许、曹等诸侯会盟于新城（今河南商丘市西南），原来依附楚的陈、郑、宋三国改服于晋。同年春周顷王去世，子班即位，即是匡王，周公阅、王孙苏两卿士争着执政。争执持续到秋天，两人各不相让，于是让作为侯伯的晋来裁断。赵盾听了两人的申辩后为他们作了调解，两人和好。此后前613～前610几年间，晋国屡次以盟主身分会集诸侯，晋国的霸主地位在赵盾及六大夫的主持下得以保持，并成为与楚国对抗的中原核心力量。

秦晋会战连年

周襄王三十一年（前621），晋襄公去世。太子夷皋年幼。赵盾想立襄公弟弟雍，立雍可以亲秦，便派随会到秦接雍回国。但之后赵盾又改变主意，立太子夷皋，这就是晋灵公。前620年，赵盾率兵抵挡秦国送雍回国的军队，在令狐（今山西临猗西南）大败秦军。随会于是逃到秦国。前619年，秦为报令狐一役之仇，攻占了晋国武城（今陕西华县东北）。晋也不甘示弱，前616年，攻占了秦国少梁（今陕西韩城南）。前614年，秦又攻占了晋国羁马（今山西永济南）。晋失羁马，晋灵公大怒，派赵盾、赵穿、郤缺进攻秦国。秦、晋大战于河曲（今山西风陵渡一带），晋军打败。晋输掉这场仗后，晋国的人怕随会在秦作乱，就派魏雠徐假装反晋降秦，秦国派随会去迎接魏雠徐。于是随会反被魏雠徐抓拿回国。这样，因赵盾立国君而起的秦晋连年会战，终于告一段落。

春秋秦国镂空透雕
蟠虺纹玉佩

夏徵舒杀陈灵公·楚定陈乱

周定王七年（前600），陈灵公与陈大夫孔宁、仪行父都与陈大夫御叔之妻夏姬通奸，泄冶劝谏灵公，灵公不听，告诉了孔宁、仪行父两人，两人于是杀掉了泄冶。

周定王八年（前599），陈灵公、孔宁、仪行父三人在夏氏家饮酒。灵公对二大夫说："夏姬的儿子夏徵舒似你们。"二大夫亦开玩笑说："他也似大王您。"夏徵舒听了很愤怒，等陈灵公出门后用箭射死他，杀了陈灵公，自立为君。孔宁、仪行父逃往楚，灵公太子午逃往晋。

周定王九年（前598）冬，楚庄王以陈灵公被夏氏所杀为理由，率军攻打陈国。楚庄王声明只是讨伐夏氏，陈国人不必惊慌。楚军进入陈国后，杀死夏徵舒，在陈国都城的栗门将其车裂，并把陈变为楚国的一个县。楚国大夫申叔时正出使齐国，返国之后，向楚庄王复命完毕便退下。楚庄王派人责备他说："夏徵舒无道，杀陈灵公，寡人伐陈，将他诛戮，诸侯和县公都庆贺寡人，你独独不庆贺，是何缘故？"申叔时说："夏徵舒杀死国君，罪恶很大，讨伐并加诛戮，是君王所当为。俗话说：'牵牛践踏别人田地，就把他的牛

邵王簋。春秋盛食器。

夺过来。'牵牛践踏别人田地，诚然错误；但夺走他的牛，则未免太过分。诸侯跟从君王，是为讨伐有罪。如今设陈为县，就是贪图其富有。用伐罪召唤诸侯，而以贪婪结束，就很不应该。"楚庄王听了后重新封立陈国。并迎立灵公太子午，是为成公。

孔子知道此事后，赞扬楚庄王轻千乘之国而重一言，表现了楚庄王的大度。

楚灭若敖氏

若敖是楚武王之祖，其后人以若敖为氏，称为若敖氏。当初，司马子良和令尹子文都是若敖氏后代。子良生了个儿子叫越椒，子良的哥哥子文让他杀越椒，因为子文认为这孩子有熊虎之貌、豺狼之声。俗话说"狼子野心"，他分明是一条狼，断然不能养着。但子良不同意。子文十分担心，临死前聚集族人说："如果越椒一旦执政，你们就快走！不要遭到祸乱。"同时哭着说："鬼尚且要求吃东西，若敖氏将要灭绝，若敖氏的鬼将无人祭祀而要挨饿了！"子文死后，越椒为司马，蒍贾为工正，斗般为令尹。蒍贾诬陷斗般并杀死他，越椒继任为令尹，蒍贾任司马。越椒讨厌蒍贾，便率领若敖氏的族人把蒍贾囚禁在轑阳（今湖北江陵县境），并杀了他。越椒率人驻扎在烝野（今河南新野县境），打算攻打楚庄王。楚庄王把三代楚王的子孙作为人质，想与越椒讲和，遭到越椒的拒绝。于是，楚庄王在漳澨（今湖北荆门县西）集结军队。周定王二年（前605）七月九日，楚庄王率军和若敖氏在皋浒（今湖北襄阳县西）作战。越椒用箭射楚庄王，箭飞过车辕，穿过鼓架，射在铜钲上。又射一箭，飞过车辕，直透过车盖。楚国士兵很害怕，开始后退。楚庄王急忙派人在军中高喊："我们的先君楚文王攻克息国，得到三支利箭，越椒偷去两枝，他已经全用完。"军士听后方才放心。楚庄王下令击鼓进军，经过激战，消灭了若敖氏。

楚庄王破郑

　　周定王九年（前598）春，楚庄王率军攻郑，到达郑国的栎（今河南禹县）邑。郑国子良建议郑由服晋改为从楚，他说："晋、楚不致力于德行而用武力争夺，我们靠拢打来者就行。晋、楚都没有信用，我们哪能有信用？"于是郑国转而跟从楚国。此年夏，楚庄王召集郑襄公、陈成公会盟于辰陵（今河南淮阳县西），郑、陈表示依附于楚国。后来，郑又与晋结盟。

　　周定王十年（前597）春，楚庄王以郑有二心为由，率军攻郑。楚军包围郑都，历时三月之久，终于破城。楚军从都城的皇门进入，到达大路上。只见郑襄公祖衣露体，牵着羊迎接楚庄王。郑襄公说："我不能奉承天意，不能事奉君王，使您带着怒气来到敝邑，这是我的罪过，岂敢不唯命是听？要把我俘虏到江南，放在海边，悉听吩咐；要灭亡郑国，分割郑地以赐诸侯，让郑国人为臣妾，也悉听吩咐。如果您顾念旧好而不灭敝邑，使敝邑等同于楚国诸县，这是您的恩惠，也是我的愿望。请君主考虑。"楚庄王左右随从主张拒绝其请求。楚庄王认为，郑君能自下于人，必然能取信和使用百姓，因此郑国还有希望。于是，楚庄王命令楚军后撤30里，允许郑国媾和。楚国潘尪进入郑国结盟，郑国子良到楚国为人质。

楚晋会战于邲

　　周定王十年（前597）春，楚庄王率军攻克郑国，郑襄公投降。六月，晋军出发救郑。晋军到达黄河岸边时，听说郑已与楚媾和，中军统帅荀林父想率晋军还归，但副帅先认为，晋国所以称霸，全靠军队勇敢、臣下尽力。现在因不敢作战而失去诸侯拥护，就不能说是尽力；有了敌人而不去迎战，不可以说是勇敢。听到敌人强大就退却，决非大丈夫之作为。先不待命令，独自带着中军渡过黄河。下军大夫荀首见状，十分忧虑，认为过河的军队太危险。司马韩厥也对荀林父说："尽管是先縠擅自率

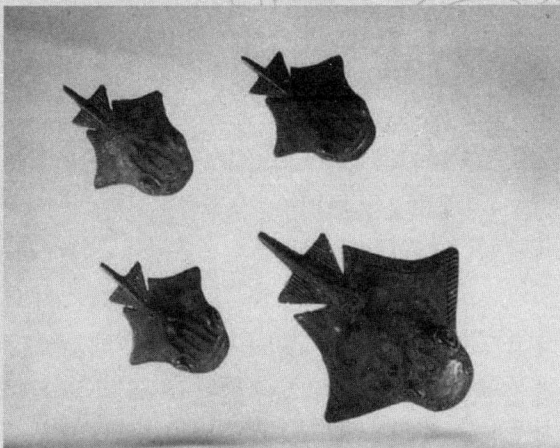

鳡鱼形马饰，春秋马饰件。饰件作鳡鱼形，扁口，比目，短身，细尾。大者为当卢，反面有两桥形钮。小者为节约，有十字形钮，以备穿带。均出土于北方少数民族石椁墓，在青铜马饰中为仅见。

军渡河，您作为军队最高统帅，军队不听命令，您的罪责也不小。失去属国、丢掉军队，作为罪过已经太重，不如干脆进军。作战如果不能得胜，责任可以大家分担。与其一人担当罪责，不如六人共同担当。"荀林父听从韩厥建议，于是全部晋军都渡过黄河。

楚庄王攻郑获胜后率军从郑国北进，到达郔（今河南郑州市北）地驻扎。他们打算在黄河饮马以后就回国。听说晋国援郑之军已经渡过黄河，楚庄王想要回去，令尹孙叔敖也不想与晋军交战，但楚王宠臣伍参却想要作战。孙叔敖说："往年进入陈国，今年进入郑国，并非无仗可打。现在如果硬打，又不能得胜，伍参之肉够大家分食吗？"伍参说："如果作战得胜，就说明孙叔敖没有谋略。假若不能得胜，那么我伍参的肉将在晋军之手，哪能吃得上？"伍参又对楚庄王说："晋国参政的是新人，不能行使命令。晋军主帅的副手先刚愎不仁，不肯听从命令。他们的三军统帅，想要专权行事而不能办到，想要听从命令而没有上级，晋军必败无疑。您作为楚国君王而逃避晋军臣下，楚国如何能忍受此等耻辱？"楚庄王于是改变主意，让令尹孙叔敖掉转车头，楚军驻扎在管（今河南郑州市境）地，等待形势变化。

晋军渡过黄河，驻扎在敖、鄗两山之间（今河南荥阳县北）。中军副帅先中军大夫赵括、下军大夫赵同主战，下军统帅赵朔、将领栾书、大夫荀首主和，由于三军统帅之间意见分歧，晋军举棋不定。楚国方面，许伯、乐伯、摄叔决定单车向晋军挑战。许伯说："我听说单车挑战时，御者疾驰而使旌旗偃倒，迫近敌营，然后回来。"乐伯说："我听说单车挑战，车右用利箭射敌，代替御者执掌马缰，御者下车整齐马匹，整理好马脖上的皮带，然后回来。"摄叔说："我听说单车挑战，车右进入敌营，杀死敌人，折取左耳，抓住俘虏，然后回来。"三人同乘一辆战车到晋军挑战，各自按其所说办完之后，胜利而回。晋军追赶他们，左右两角夹攻。乐伯左边射马，右边射人，使两角不能前进。最后，只剩下一只箭，有麋出现在车前，乐伯一箭射中麋。乐伯让摄叔拿着麋对追赶来的晋军将领鲍癸说："由于今年还不到时令，应当奉献的禽兽没有来，所以谨把这口麋奉献给您的随从作为膳食。"鲍癸阻止部下不再追赶，说道："他们的车左善于射箭，车右善于辞令，都是君子啊！"于是乐伯等人免于被俘而返归楚军营地。

晋国方面，魏锜因曾请求做公族大夫未成而怀恨在心，故而想让晋军大败。魏锜请求单车向楚军挑战，没有得到允许，请求出使楚军，得到允许。他到楚军之后，请战而归。晋国赵旃因请求做卿未成而不满，请求领兵挑战，未获准，又请求召楚人前来结盟，被允许。赵旃在夜里到楚军之前，铺开席子坐在军门之外，公然挑战楚军。六月，晋、楚两军在邲（今河南荥阳东北）作战。楚庄王乘坐指挥车追赶在楚军驻地门外的赵旃，赵旃弃车跑进树林。晋军派战车接应魏锜和赵旃。楚将潘党远望飞腾的尘土，立刻报告晋军将来攻击，楚人害怕楚庄王进入晋国军阵被俘，急忙出兵列阵迎战。令尹孙叔敖鼓励楚军前进："宁可我们迫近敌人，不要让敌人迫近我们！"于是楚军快速前进，战车骤驰，士卒奔跑，掩袭晋军。晋军统帅荀林父不知所措，在军中击鼓宣布撤退，并命令先渡河者有赏！晋中军、下军争相上船，先上船的人用刀砍攀船舷人的手指，落在船中的手指多得可以用手捧起来。晋上军统帅士会在邲之战以前，派巩朔、韩穿率领七队伏兵埋伏在敖山（今河南荥阳县北）之前，所以上军不溃败，在士会指挥下有次序地后撤。经过一天交战，到黄昏时，楚军驻扎在邲地。晋国剩余的士兵已经溃不成军，夜里渡河，喧闹不已，直至天明。

楚军取得郯之战胜利后，潘党建议建筑武军以收取晋人尸体作为京观，表彰武功以志纪念。楚庄王认为武功是用来禁止强暴、消弭战争、安定百姓、丰富财物的。武，就是制止战争，现在让两国士兵暴露尸骨；夸耀武力以使诸侯畏惧，就不能消弭战争。还是修建先君的神庙，报告战争胜利后就告结束，武功不是自己的功业。古代圣明的君王征伐对上不恭敬的国家，抓住罪魁祸首杀掉埋葬，作为一次大杀戮，才有了京观，以惩戒罪恶。现在并不能确指晋国的罪过，而士卒都是尽忠于国君之命而死，难道能建造京观吗？于是楚庄王命令在黄河边上祭祀河神，修建先君神庙，报告郯之战胜利，然后回国。楚庄王的霸权由此而建立。

鲁国实行初税亩

春秋时期，诸侯之间大欺小，强凌弱，关系错综复杂。当时不仅有晋、楚两大集团的对抗，在每一集团内部亦往往发生矛盾冲突。齐、鲁都属于晋集团，但齐国往往倚仗强大而欺负鲁国。鲁国为积聚财富、增强军力，进行了许多内政改革。

周定王十三年（前594），鲁国开始实行按田亩之多少征收田税的"初税亩"。商、周以来为井田制度，国家对于人民籍而不税，行力役之征，借民力以耕公田。春秋以后井田制崩溃，人口流动增加，生产力

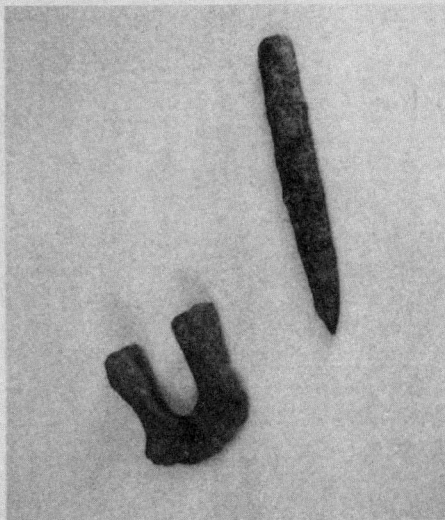

春秋时期用木炭还原法制得的铁制品

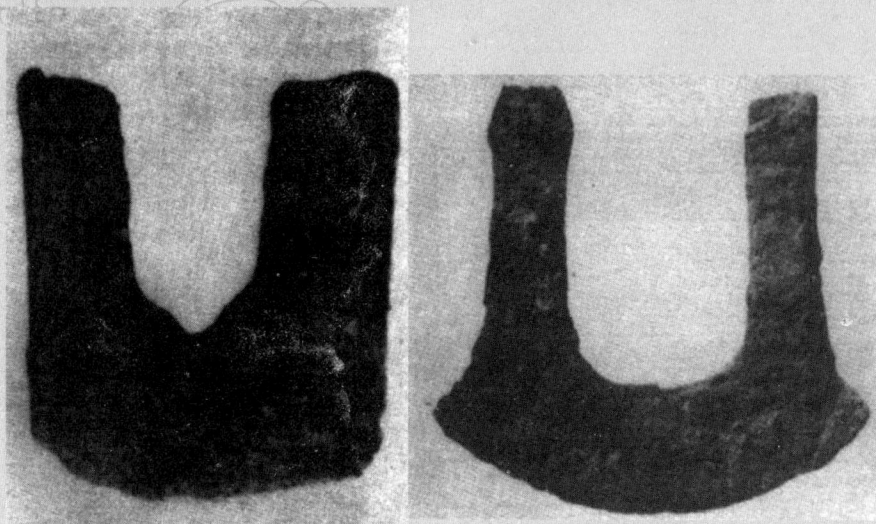

铁锄

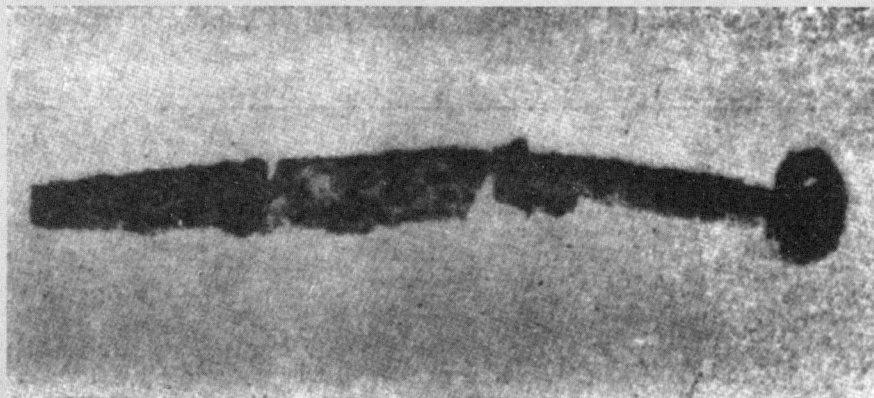

铁削

得到大发展，私田日辟，为增加国家之财政收入，鲁国遂于此年实行按亩收税。周定王十六年（前591）齐、鲁交恶，鲁国害怕齐国侵伐，于第二年"作丘甲"，增收军赋，以加强军事力量。

"初税亩"制度的实行，表明私田的大量出现，得到官方的承认。自此，井田制宣告全面崩溃，一种新的封建土地制度开始形成。

鲁三桓日盛·逐东门氏

鲁宣公之立，借助于东门襄仲之力，东门襄仲之子公孙归父因而有宠于鲁宣公。周定王十六年（前591）秋，公孙归父见三桓（鲁桓公之族仲孙氏、叔孙氏、季孙氏）日益强大，公室反而日渐式微，就想去掉三桓。他和宣公策划以后便到晋国聘问，想要借助晋的力量去掉三桓。此年冬，鲁宣公死。季文子在朝廷上说，让我国杀死嫡子而立庶子为君，以至失掉诸侯强大援助的，就是东门襄仲！臧宣叔发怒说，当时不治东门襄仲的罪，现在他的后人有什么罪？您要除掉他，我执行就是。于是，鲁国把东门襄仲的家族东门氏驱逐出国。公孙归父从晋国返归，到达笙（今山东曹县东北）地，闻宣公死，东门氏被逐，便把帷幕遮住土坛，向他出使的副手举行复命礼节，欲使其副手代之复命于死君。复命已毕，公孙归父解去外衣，以麻束发，进入规定的位置号哭，顿脚三次以后退出，然后逃亡到齐国。

晋郤克聘齐·执晋政

周定王十五年（前592）春，晋想聚会诸侯，派郤克到齐邀请齐顷公。恰好鲁国季孙行父、卫国孙良夫和郤克同时到齐国。齐顷公的母亲萧同叔子见他三人一个跛（郤克），一个眇（良夫），一个秃（行父），不禁笑出声来。郤克发怒，回国途经黄河时，他发誓：不报复这次耻辱，就不再渡黄河。回国后郤克请晋景公出兵伐齐，晋景公没有答应。

这年夏，齐国大使到晋，郤克杀了齐使四人。秋天，晋执国大臣士会告老退休，让郤克接替执政。郤克执政后第二年（前591），晋国联合卫国伐齐，齐派公子强到晋国为人质，晋国撤军。前589年，齐国和晋国在鞌（今山东济南西北）大战，齐国大败。

楚王领钟

又名楚王领钟。铭五行一九字；原当为长篇编钟铭，今为残文。

楚王领即楚共王箴，铭称自作领钟，其音响亮。此钟形制与文字类似中原，楚文化特质尚未完全发展起来。

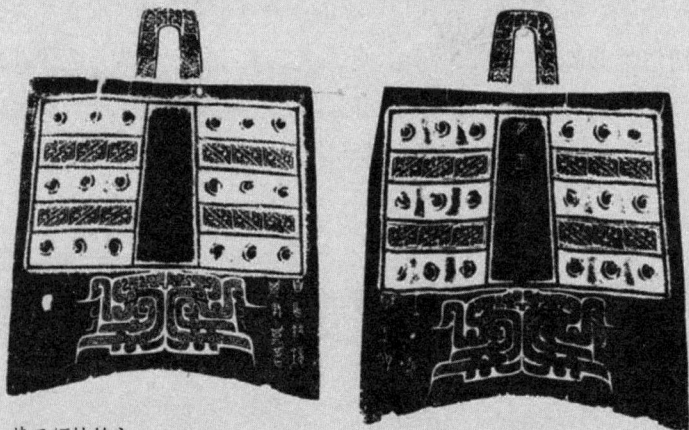

楚王领钟铭文

楚庄王围宋·华元解围

　　周定王十二年（前595），楚庄王派申丹出使齐国，途中必须经过宋国，庄王却又不许申丹按照当时的惯例向宋国借道。申丹说："郑国人固执死板，倘不借道，我很可能会被他们杀死。"庄王说："若果如此，我一定会替你报仇。"

　　申丹至宋，果为宋人所杀。庄王闻讯大怒，投袂而起，亲率大军伐宋。九月，楚师围宋都城。宋使人至晋求救，晋人邲战之余悸未消，不愿发兵救宋，却派大夫解扬去告诉宋人不要投降，诡称晋之大军将至。解扬经过郑国赴宋，被郑人抓住献给了楚庄王。楚庄王厚待解扬，让他劝宋人投降。解扬假意答应，但在登上观察敌情的巢车与城上的宋人对话时，却告诉宋人晋国即将尽起大军前来援助。庄王以解扬背信而欲杀之，解扬说："我完成了国君交给我的命令，这才是真正的守信。"庄王于是释放了他。

　　楚军长期围城，从前一年九月直至周定王十三年（前594）五月，并在城外盖房种地，做出打算长期围困的样子。宋人害怕起来，执政华元亲自于夜间偷入楚营，把楚军主将子反从床上拉起来对他说："我国已粮尽援绝，燃骨为炊，易子而食。但我们宁愿与国俱亡，也不愿订城下之盟。如果你们肯退兵30里，我们就唯命是从。"子反害怕华元用强，不得不答应华元的要求，并与他私下订立了退兵的盟约。第2天，子反将此事报告庄王，庄王命楚军后退30里，宋国遂与楚国结盟。

　　此役，楚师围宋都长达9月之久，是春秋时期围城时间最长的1次。

晋齐鞍之战

　　周定王十八年（前 589）春，卫穆侯派孙良夫、石稷、宁相、向禽将等率军入侵齐国。此年四月，卫军和齐军在新筑（今河北魏县南）相遇。石稷想退归，孙良夫认为，军队出征，遇上敌人就回去，如何向国君复命？如果不能打仗，就应当不出兵。现在既然和敌人相遇，那就不如一战。新筑之战中，卫军大败。

江中小母生鼎

莲盖方壶

石稷对孙良夫说，卫国军队战败，您如果不顽强坚持，以顶住敌军，就会全军覆没。假若丧失了军队，还有什么回报君命？他见大家都不回答，便又说，您是卫国之卿，假若损失了您，那就是卫国的羞耻。您带着大家撤退，我在这里殿后。石稷还通告军中，卫国援军的战车已经大批来到，以此鼓舞士气。石稷率领军队力战，齐军攻势被阻止，退守在鞫居（今河南封丘县境）。在新筑大夫仲叔于奚的救援下，孙良夫也得免于难，撤军回卫国。

伯鬲。春秋前期饪食器。

新筑之战败后，卫军主将孙良夫没有返卫，迳直去晋请求发兵，这时鲁国臧孙许也到晋国请求援助。两人都找到晋国执政大臣郤克，请他帮助。晋景公答应给郤克七百辆战车前往救援鲁、卫两国。郤克认为这是城濮之战中晋国的兵车数量，当时有先君的明察和先大夫的敏捷，所以得胜，而我和先大夫相比，还不足以做他们的仆人，因此，请允许派八百辆战车。晋景公答应。晋军由郤克率领中军，士燮辅佐上军，栾书率领下军，韩厥做司马，出发援救鲁、卫。鲁国的臧孙许为向导开路，季文子率领鲁军和晋军会合。这时候，齐军伐鲁、胜卫，正凯旋而归。晋师追踪而至，在莘（今山东莘县北）地追赶上齐军。

周定王十八年（前589）六月十六日，援救鲁卫、追赶齐军的晋国军队到达靡笄山（今山东济南千佛山）下。齐顷公派使者向郤克请战说，您带领国君部队光临敝邑，敝国士兵人数很少，请在明天早晨相见。郤克回答说，晋和鲁、卫是兄弟国家，他们告诉我们，大国不分早晚都在敝邑土地上发泄气愤，寡君不忍，所以派下臣前来向大国请求，同时又不让我军长久留在贵国。因此，我们只能前进而不能后退，您的命令我们会照办的。齐顷公则高傲地表示，无论晋是否同意，都必有一战。齐国高固单车挑战，进入晋国军队，拿石头投人，把晋军士兵抓住，然后坐上战车回到齐军，在齐军营地耀武扬威、鼓舞士气。

六月十七日，晋、齐两军在鞌（今山东济南市西）摆开阵势，鞌之战爆发，邴夏为齐顷公驾车，逢丑父为车右。晋国解张为郤克驾车，郑丘缓为车左。齐顷公轻蔑地说，我姑且消灭这些敌人再吃早饭！齐顷公战车马不披甲，驰向晋军，齐军遂冲杀过去。晋军主将郤克为箭所伤，血流到鞋上，但他却使军中鼓声不断。驾车手解张一边激励郤克，一边左手握缰策马、右手握槌击鼓。战马飞奔向前，全军将士也随着冲锋陷阵。齐军大败，晋军乘胜追击。晋军司马韩厥站在战车中央驾车，与车左、车右一起追赶齐顷公。顷公御者邴夏欲射杀韩厥，顷公以之为君子而不许，于是只杀死了车左和车右。韩厥躬身稳车，顷公乘机逃逸，并与车右逢丑父互换了位置。后齐顷公之战马被绊，车右逢丑父受伤，再度被韩厥追上。逢丑父命齐顷公取水，公得坐上郑周父驾御的副车逃归，而逢丑父则被韩厥误认为齐君而俘虏。

鸟兽龙纹浮雕(鸟兽龙纹壶)。此器原有双耳,残失。其器形虽属一般,而纹饰极精,全器浮雕纹饰,自口至颈三道纹饰是人面鸟身的怪兽和龙相缠绕,末道纹饰是兽首啖食蟠曲的龙体,在每两道纹饰之间还有虎食人、豕兽啖蛇和犀、豹等小动物,形态生动,腹下有伫立的雁群一周,昂首曲颈,栩栩如生。

追赶齐军的晋国军队，从丘舆（今山东益都县西南一直）进入齐国，攻打丘舆附近的马陉。齐顷公派执政大臣国佐把齐灭纪所得到的国宝、玉馨和齐国所侵占鲁、卫两国的土地送给战胜诸国，以求媾和。晋人还要求把国母萧同叔子作为人质并使齐国境内田陇全部东向，这样才能媾和。国佐以为这一要求迥出常理，据理力争，并说："如果你不同意的话，我们就将收集残余力量决一死战。"在鲁、卫两国劝谏下，晋人答应了齐的请求。此年七月，晋军和齐国国佐在爰娄（今山东临淄西）结盟，齐把汶阳（今山东宁阳县北）之田归还给鲁国。鲁成公为表示感谢，特意赶到上鄍（今山东阳谷县境）会见晋军，把车辂和三命的车服赐给晋军的三位高级将领——郤克、士燮、栾书，晋军的司马、司空、舆帅、侯正、亚族等一般将领都赐给以一命的车服。

爰娄之盟，使晋国力量立益壮大，而齐国则成为须年年朝觐的小国。次年（前588）十二月，齐顷公到晋国行朝聘礼。将行授玉礼，郤克即恶语相向，图报他出使齐国时齐顷公之母戏笑其跛足之怨，幸得晋将韩一席好话缓和了紧张气氛。

晋栾书救郑伐蔡

周简王元年（前585）秋，楚公子重率军伐郑。冬，晋国栾书率军救郑，与楚军在绕角（今河南鲁山县东南）相遇，楚军退还。晋军遂入侵蔡国。楚公子申、公子成率领申地、息地军队救蔡。晋、楚两军在桑隧（今河南确山县东）对峙。晋赵同、赵括想要出战，向栾书请求，栾书打算答应。知庄子、范文子和韩献子进谏说，我们来救援郑国，楚军返归之后，我们就来到这里，这是把杀戮搬到别人头上。没完没了的杀戮，定会激怒楚军，我们作战一定不能得胜，即使得胜，也不是好事。我们整顿军队出国，仅仅打败楚国两个县之军，有什么光荣？如果不能打败他们，受到的是莫大的耻辱。所以不如回去。当时晋国将领大多要求作战。有人对栾书说，圣人的愿望和大众相同。您是执政大臣，应当斟酌百姓的意见办事。您的辅佐者十一个人，不想作战的仅仅三人，想作战的人可以说是多数，何不从多数呢？栾书认为，决断事情时，两者同样是吉祥善良的情况下，才听从多数。吉祥善良是大众主张，现在有三位大臣主张，可以说是大众，依从他们的意见也不错，于是下令撤军回国。

栾书缶

栾书缶铭文

吴国兴起

吴国，传说为周文王伯父太伯、仲雍奔荆蛮创建。周武王封其后裔周章为吴君，立国于长江下游一带。

周简王二年（前584年）春，吴国出兵伐郯（今山东郯城县西南）国，郯与吴媾和，表示服于吴。吴国军事上的逐渐强大，与晋使巫臣出使吴国，教导吴国军队操练战阵有关。

巫臣和楚国的子重、子反积怨甚深。周定王十二年（前595），楚国攻宋国，获胜返归后，子重请求取得申（今河南南阳）、吕（今河南南阳西）的部分土地作为赏赐，楚王答应，申公巫臣谏阻说："这是申、吕两地所赖以成为城邑的土地。楚国从这里征发兵赋，抵御北方。如果私人占取它，这就没有申邑和吕邑，晋、郑就会一直攻打汉水。"楚王遂未将申、吕的土地赏赐给子重。子反曾想娶夏姬，巫臣劝阻他，但自己却娶夏姬并带她逃到晋国。子反和子重对巫臣都很怨恨。等到楚共王于周定王十七年（前590）继位后，子反、子重杀掉巫臣的族人，并瓜分他们的财产。

春秋时期吴王夫差青铜矛

巫臣从晋国写信给子反、子重说："你们用邪恶贪婪事奉国君，杀死很多无辜的人，我一定让你们疲于奔命而死！"周简王二年（前584），巫臣请求出使吴国，晋景公同意。他到吴国，很受吴子寿梦赏识。于是，在巫臣连络下，吴晋两国通好。巫臣去吴国时，带楚国三十辆战车到吴国做教练，并留下十五辆。还送给吴国以射手和御者，教吴人使用战车。巫臣派人教吴国军队练习战阵，又把自己的儿子狐庸留下，让他在吴国做外交官。于是吴国在晋唆使下攻打楚国，以及附楚的巢、徐等国。子重、子反在一年之间七次奉命奔驰以抵御吴军，果然疲于奔命。

吴地盛产优质铜锡，冶炼技术精良，所造兵器驰名天下，遂步发展为军事强国。

吴国开始与中原来往，在春秋时期扮演一个重要的角色。

晋灭赵氏·晋景公立赵氏孤儿

周定王二十一年（前586），晋赵婴因和侄媳、赵朔的妻子赵庄姬私通，对驱逐赵婴的赵同、赵括怀恨在心，于是在晋景公面前进行谮言，诬陷他们造反作乱，并让栾氏、郤氏的人作证。周简王三年（前583）六月，晋国诛

齐侯子行

杀赵同、赵括，并将赵氏之族全部杀戮。当时，赵朔之子赵武由于随母亲赵庄姬在宫中长大而免于难。晋国灭掉赵氏家族后，把赵氏田地赏赐给祁奚。韩厥对晋景公说："赵氏对晋国立有大功，以赵衰的勋劳、赵盾的忠诚，他们却在晋国绝了后嗣，做善事的人都会寒心害怕。三代的贤明君王，都能够几百年间保持上天的禄位，难道其间就没有邪恶的君主？这是靠着他祖先的贤明才免于亡国。"韩厥认为不应当让赵氏在晋国灭绝。于是，晋景公立赵武为赵氏继承人，并将赵氏田地都还给他。

首次弭兵大会

周简王七年（前579）五月，楚晋结盟于宋。

周定王十八年（前589），楚国约集齐、秦等8国诸侯盟于蜀（今山东泰安附近）。周定王二十一年（前586），晋国也约集齐、鲁等8国诸侯盟于虫牢（河南封丘北）。晋、楚处于势均力敌的局面。

晋国为了打击楚国，派楚之臣申公巫臣去吴国扶助吴人，吴国强大之后，连番伐楚。楚国在吴牵制之下，力量大为削弱。

与此同时，晋国由于卿族势力强大，频频发生内乱，而秦国和白狄也联兵攻晋。南有强楚，西有秦、狄，使晋国处于两面受敌之局。

此种情况，使得晋、楚皆有谋和之意。后经宋使华元奔走干旋，终于促成楚、晋召开首次弭兵之会。

本年夏，晋士燮与楚公子罢、许偃盟于宋西门之外，盟曰：楚、晋两国不再交兵，好恶同之，国恤灾危，备救凶患。晋楚已经结盟，卫、鲁、郑之君赴晋受命。

但结盟却不能持久，周简王十年（前576），楚国先背弃晋、楚之盟约，侵略郑国，兵至暴隧（今河南原阳西）。又伐卫国，打到首止（今睢县东）。郑国子罕率兵袭击楚国，夺取新石（楚邑，今河南叶县境）。

周简王十一年（前575），郑背叛晋国，郑子驷与楚君盟于武城。郑背晋与楚盟，晋怒，栾书认为不可失信于诸侯，于是发兵，晋厉公亲征。五月，渡黄河。郑国向楚告急，楚共王率军救援。晋范文子闻楚来救，劝厉公还。郤至却认为见强避之，无以令诸侯。于是晋楚战于鄢陵（今河南鄢陵西北），晋射中楚共王眼睛，楚兵败。楚将子反收余兵，安抚他们想再战。共王召子反，子反使者竖阳谷进酒，子反醉，不能进见共王，共王怒，杀子反，楚兵失去将领，败归。晋由于鄢陵之捷威诸侯，欲霸天下。

晋文公、楚庄公之后，晋、楚争霸，历时长久，战争频繁，由于外扰内乱，双方都力量衰弱，不足以达到优势。至此已见倦意。

郲田之争

周简王六年（前580）秋，晋国郤至和周争夺郲田（今河南武陟县西南）。周简王命令卿士刘康公、单襄公到晋国控告郤至。郤至说："温地，过去就是我的封邑，郲田是温的别邑，属于温地，所以不敢丢失。"刘康公、单襄公说："从前周朝战胜商朝，让诸侯据有封地。苏忿生据有温地，做了司寇，和檀伯达封在苏河边上。苏氏投奔狄人，与狄

鸟尊。春秋前期容酒器。器作立鸟形，尖喙如鹰，双目圆睁，体硕壮有力，双蹼足后部立一虎形支脚。喙可开合，为流口，鸟身容酒。通体饰细密的羽纹，造型纹饰极其考究。

人处不来而逃奔卫国。周襄王为慰劳文公而赐给他温地。狐氏、阳氏先住在这里，然后才轮到您。如果要追查过去的情况，那么它是周天子属官的封邑，您怎么能得到它？"于是晋厉公令郤至不要争夺郤田。

这件事，反映了周王室已落到与大夫相争，听命于诸侯的地步。

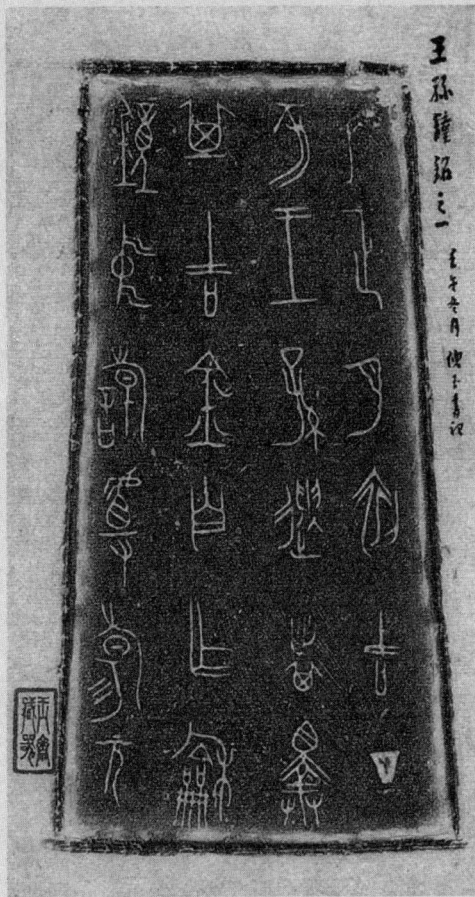

春秋王孙遗者钟铭文。据《商周彝器通考》一书所云，该钟出于"湖北宜都"。长1尺5分，甬长6寸6分。凹口有甬把（上端略残缺）。有干与旋。两侧各有十八个钟枚。篆间、隧部、舞与甬上，均饰蟠螭纹。钲部与鼓部铸铭19行，116字。铭文中之"遗者"即《礼记·檀弓》内的徐国"容居"。铭文书体与 儿钟如出一人之手笔，笔画细长，柔美大方，有着特殊的意趣，别具一格。王孙遗者钟铭文对研究徐国历史和书法艺术的特点，都有着重要价值.

鄢陵大战

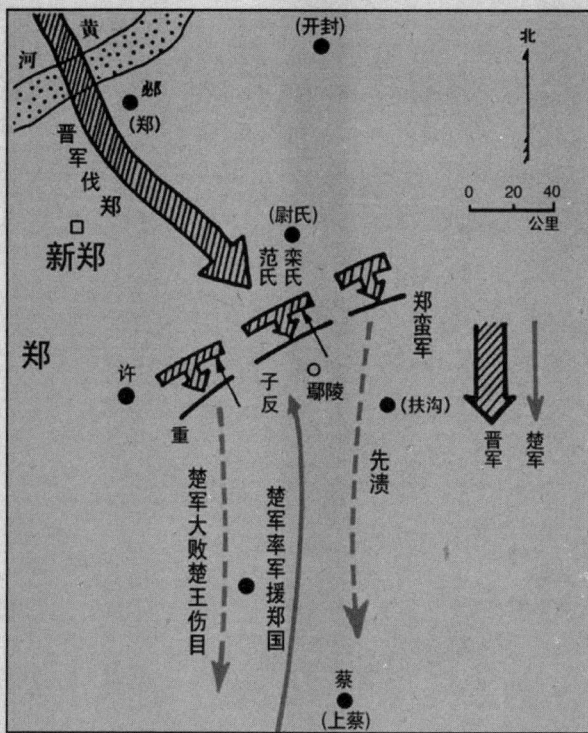

鄢陵之战作战经过示意图

周简王十一年（前575）春，郑国叛晋附楚。夏，晋厉公怒，栾书认为不可使晋国失去在诸侯的霸主地位，必须攻打郑国，于是发兵，厉公亲身率军。郑闻晋军前来讨伐，便派人求救于楚。楚共王率军救郑。五月，晋军渡过黄河，晋、楚两军遇于鄢陵（今河南鄢陵县北）。楚军在早晨逼近晋军，摆开阵势，晋国军吏有些担心。这时，从楚奔晋的苗贲皇也把楚军情况报告给晋厉公，让晋厉公命令晋军把精兵分开去攻击楚的左、右军，然后三军联合进攻楚中军王卒。晋楚两军交战时，晋国吕锜射中楚共王眼睛。楚军被困在险阻之地，公子筏也被晋俘获。战斗自晨至暮，楚将子反命令军吏观察伤情，修理武器，准备再战。楚共王找子反议事，子反醉而不能见，楚共王乘黑夜逃走。楚军退到瑕地时，子反自杀，楚军败归。

作战之日，齐国国佐高无咎才到军中，卫献公才从卫国出发，鲁成公才离开坏隤（今山东曲阜境），他们对鄢陵之战都持观望态度。鄢陵之捷，使晋厉公扬威于诸侯，欲霸天下。

楚吴战于皋舟

周灵王十三年（前559）秋，楚、吴战于皋舟，楚师败。

周简王十年（前576），晋、齐、宋、卫、郑等国大夫会吴大夫于钟离（今安徽凤阳东），这是吴国首次参加

春秋时期吴国的大翼战船模型

中原诸侯的盟会。楚国此时已经深受吴国之威胁。吴、楚间之冲突渐趋激烈。

周灵王二年（前570），楚令尹子重率师伐吴，至衡山（今当涂东北横山）。另派楚将邓廖率偏师侵吴，遭吴师袭击，此支楚军大半被歼，邓廖也被俘。吴人乘胜伐楚，攻取楚国驾邑。

周灵王十二年（前560）楚共王病死。吴国乘机伐楚。楚派良将养由基为前锋，而派司马子庚率大军接应，双方战于庸浦（今安徽无为县南），吴师中伏，大败，公子党被俘。

本年秋，楚康王为报吴师乘丧伐楚之仇，派子囊率军伐吴。楚军驻扎在棠（今江苏六合县西）。吴军坚守不出，楚军于是返归，子囊殿后，他轻视

吴国而不加警戒。吴人从皋舟的险道对楚军拦腰截击。楚人不能彼此救应，因而被打败，公子宜各被俘。

鲁作三军

周灵王十年（前562），鲁国季武子打算编定三个军。三军由三桓，即季孙氏、叔孙氏、孟孙氏每家各管一军。此年正月，鲁编定三军，把公室军队一分为三，三桓每家各掌握一军。三家各自把原有车兵并入。季孙氏让私邑战士自愿选择。参加军队者免征赋税，不参加者加倍征税。孟孙氏让私邑战士中的一半加入军队，叔孙氏把私邑战士全部编入军队。

季札让国·诸樊立于吴

周灵王十一年（前561）吴王寿梦卒。寿梦有子四人，长曰诸樊，次曰余祭，三曰余眛，四曰季札。季札贤能，寿梦有意立他为王，季札说不可以，于是立长子诸樊。诸樊服丧期满，让位于季札，季札推辞。吴人还是坚决要立季札为王，季札于是离家而过隐耕生活，吴人才罢休。诸樊在位十三年卒（前548），临死前授位给二弟余祭，想通过兄弟相传，最后传位给季札。余祭封季札延陵，号延陵季子。余祭在位十七年卒（前531），立三弟余眛为王，余眛立四年卒（前527），意把王位传授季札。季札礼让，又逃走。吴人于是说：先王有命，兄死弟代以传位给子，现在季札逃走了，就应该传位给余眛之后，他儿子理当得位，于是立了余眛儿子僚为王。

晋悼公恢复霸业

周灵王七年（前565）五月，晋悼公为继续晋文公的霸业，召集鲁、郑、齐、宋、卫、邾等国在邢丘（今河南温县东）相会，晋国提出朝聘的财礼数字，让诸侯国大夫听命。郑简公亲自听取命令，而且奉献伐蔡所得的俘虏。

晋楚弭兵

宋国向戌欲消弭诸侯间的战争，来提高自己的威望。于是，向戌到晋，告诉晋执政大臣赵文子。赵文子和大夫们商量。韩宣子认为："战争是百姓的祸害、财货的蛀虫、小国的大难。有人要消弭他，虽说办不到，但一定要答应他。我们不答应，楚国将会答应，并用它来号召诸侯，那时我们就会失去盟主的地位。"于是晋答应向戌。向戌至楚，楚国也答应。向戌到齐，齐人感到为难，在陈文子劝说下，齐也答应。随后，秦也答应。这四国都通告小国，在宁国举行会盟。周灵王二十六年（前546）五月二十七日，晋国赵文子先到宋。之后郑、鲁、齐、陈、卫、邾、楚、滕等相继到宋。六月二十一日，向戌和在陈国的楚令尹子木商定楚国的有关条件。

子木告诉向戌，要晋的盟国朝楚，楚的盟国也朝晋。六月二十四日，向戌返宋，向赵文子复命。赵文子说，晋、楚、齐、秦四国地位对等，晋不能指挥齐，犹如楚不能指挥秦。楚君如果能让秦君驾临敝邑，寡君岂敢不坚决向齐君请求？六月二十六日，向戌向子木复命，子木派传车请示楚王。楚王表示除去齐、秦两国，其它国家要互相朝见。七月二日，向戌返宋。当天夜里，赵文子和楚公子黑肱商定盟书的措辞。七月四日，子木从陈国到宋。蔡、曹、许等也到达。各国军旅都没有修筑堡垒、开挖堑沟，而是用篱笆作为分界。晋和楚各自驻扎在南北两头。七月五日，晋赵文子、楚子木、鲁叔孙豹、蔡公孙归生、卫石恶、陈忆免、郑良霄以及许人、曹人在宋国都城西门以外结盟。结盟时，晋、楚争执歃血盟誓的先后。先歃者为盟主，晋人认为晋本来是诸侯的盟主，从来没有在晋国之前歃血的。楚人说，您说晋楚地位对等，如果晋永远在前面，这就是楚弱于晋。而且晋楚轮流主持诸侯的结盟已经很久，难道专门由晋主持？叔向对赵文子说："诸侯归附晋的德行，不是归附它主持结盟。您致力于德行，不要去争执先后。而且诸侯会盟，小国有办理结盟具体事务的责任，让楚国来干，不也是可以的吗？"于是，晋让楚人先歃血。

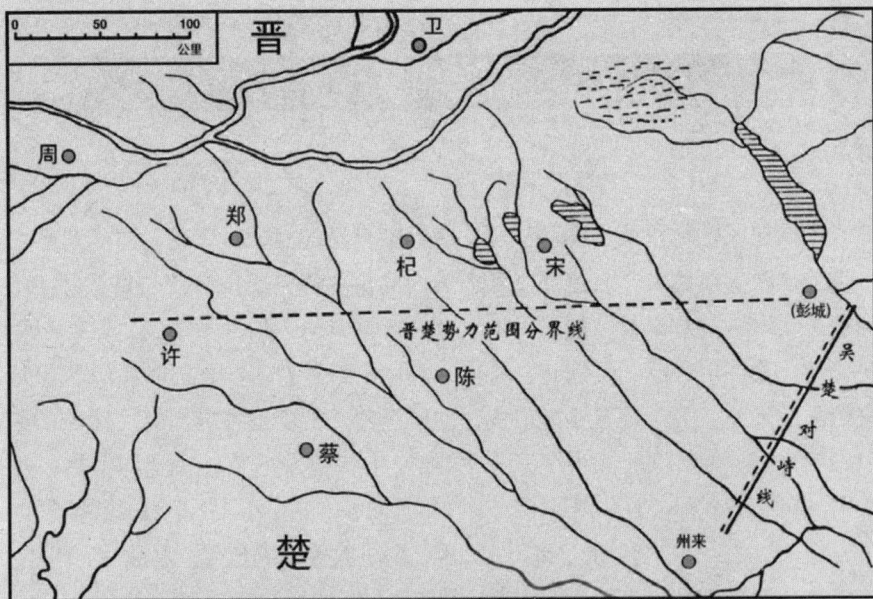

七月六日，宋平公同时设礼招待晋、楚两国大夫。七月九日，宋平公和诸侯的大夫在宋都城的东北门蒙门外结盟。晋楚弭兵，中原从此有四十年的和平，战争亦转到南方。

鲁三桓四分公室

周景王四年（前541），鲁襄公去世，季孙氏立裯为国君，这便是鲁昭公。鲁昭公终日嬉游，国家管理完全任三桓摆布。这一时期，季孙氏的权力发展很快。周景王八年（前537）正月，三桓决定裁撤中军，恢复原来上下两军的

云雷纹鼓，春秋乐器。鼓身分为三段，胴部突出且大于鼓面，束腰，足外侈。胴、腰交界处有四扁耳。鼓面正中凸出太阳纹，无芒无晕。腰部纵分为十六格。腰下部饰云雷纹。鼓内壁有对称的卷云纹。为滇西地区较原始的铜鼓。

建制。原来中军是把公室军队一分为三，孟孙、叔孙、季孙三家各掌握一军。对于分得的公室军队，季孙氏采用征兵或征税的方式；叔孙氏让壮丁作为臣，老弱者恢复自由；孟孙氏则把一半为臣，一半为自由民。这次分上下两军，还把原属鲁君的领地及人民分成4份，季孙氏取2份，叔孙氏与孟孙氏各取1份。他们各自向分得的领地内人民征收军赋、田赋，而将一部分收入上贡给鲁君。史家称此为"四分公室"。至此，鲁国国君不但丧失了军权，连公室领地及领地内人民的所有权也失去了，于是三桓愈强，鲁君愈弱。

楚灵王灭陈蔡·谋取霸业

周景王七年（前538），楚王会集诸侯到申（今河南巩县东北）。曹、邾用国内有祸难来推辞，鲁昭公用祭祖来推辞，卫襄公用生病来推辞。六月十六日，楚灵王和蔡、陈、郑、许、徐、滕、顿、胡、沈、小邾等国诸侯以及宋太子佐、淮夷相会。椒举对楚灵王说，诸侯只归服于礼，霸业的成功与否，都在这次会见。夏启有钧台之享、商汤有景亳之命、周武王有孟津之誓、周成王有岐阳之搜、周康王有酆宫之朝、周穆王有涂山之会、齐桓公有召陵之师、晋文公有践土之盟。君王打算采用哪一种？楚王采用了齐桓公的方式。楚王和诸侯结盟，之后渐露出骄傲之色。

周景王十一年（前534）四月，陈国发生争立之乱，公子招与公子过杀掉太子偃师，立公子留为太子。哀公此时有病，闻讯大怒而欲杀公子招。公子招于是发兵攻哀公，哀公自杀。公子招遂立公子留为国君，同时派使者赴告于楚。而哀公的另一个儿子公子胜也来到楚国，向楚灵王揭露公子招及公子过杀嫡弑君的经过。灵王早有并陈之心，于是乘机杀掉公子招派来之使者，九月，派王弟公子弃疾率楚师围陈，楚师攻破陈都，逐灭陈。楚灵王以陈地为县，命楚大夫穿封戌为陈公。

楚灵王灭陈以后，又筹划灭蔡。

周景王十四年 (前 531) 三月十五日，楚灵王设宴招待蔡灵侯，却在暗中埋伏了甲士。待蔡侯酒醉，伏兵突起，擒蔡侯及其随从。四月七日，将蔡灵侯和随从全部杀死，藉口是蔡灵侯在 12 年前犯有弑父之罪。同时，灵王命公子弃疾率师围蔡。晋国闻讯，派使者到楚国交涉，为蔡求情，楚灵王不听。十一月，经过长期的攻打，楚军终于攻破蔡都。其后蔡国与陈国同时复国。

周景王十五年 (前 530)，楚灵王伐徐至乾溪 (今安徽亳县东南)，意满志得，问齐、晋、鲁、卫受封时都得了宝器，唯独我没有，如今我派使节到周室求鼎，它会不会给我呢? 析父答: 如今周室和齐、晋、鲁、卫都归服和事奉于你，对你唯命是从，岂敢不给你鼎呢? 听了析父一番话，灵王更加骄傲了。周景王十六年 (前 529) 春，灵王还在乾溪寻欢作乐，灵王弟弟公子比杀灵王的太子而自立为王，并对楚王左右的人说: 国已有主，先回来的得到原来的爵邑田室，后回来的只能迁往别处。于是众人都弃楚王而去。灵王听闻太子被杀，悲痛得从车上跌了下来。灵王一个人留在山中，饥饿得起不了床。芋尹申无宇之子申亥觉得灵王有恩于他父亲，于是找到了落难的楚灵王，将他接回家中。同年，楚灵王在申亥家自缢而死，申亥安葬了他，并让两个女儿殉葬。楚灵王谋取霸业的宏愿，也随之烟消云散。

师旷辨亡国之音

卫灵公将要到晋，经过濮水，半夜听到鼓琴声音，似鬼神之声，都是周围的人闻所未闻的，灵公便让师涓依此练习。卫灵公见到晋平公后，平公设酒宴款待他。酒酣，灵公让师涓为平公奏新得的乐曲。师涓奏到一半，师旷阻止他再奏，说这是亡国之音。平公问缘由，师旷说这乐曲是师延为纣作的靡靡之音。武王打败纣王时，师延投了濮水，所以这乐曲一定是在濮水上听到的，听这音乐会使国力削弱。平公很喜欢这段音乐，便让师涓将乐曲奏完。平公说: 恐怕没有比这更悲的音乐了! 师旷说有的，平公要听，师旷说君王你德义薄，最好不要听。平公说我就是喜欢悲伤的音乐，一定要师旷奏乐。师旷一奏，就有黑鹤十六集在廊门；再奏，鹤伸颈鸣叫，舒展双翅起舞。平公听了非常高兴，站起来给师旷敬酒，说还想听更悲的。师旷劝戒平公，听这音乐会使人衰败。平公说我老了，听也无妨。师旷不得已，抚琴起奏。一奏，西北处涌起了白云，再奏，大风大雨就来了，廊瓦飞了，吓得一帮人四处奔走。平公更是吓得伏在屋廊之间。不久，晋国大旱三年。

师旷辨亡音，说明了春秋时代音律的完备和精细。春秋时代，纯音乐兴起，在庙堂和民间音乐之外，出现了创作音乐，一方面，音律和乐器制作更加精美（曾侯乙编钟也是同时期），另一方面，出现了伯牙之类的创作音乐家。

自此以后，音乐成为春秋战国时代文化的中心部分，极为兴盛。

伯牙鼓琴图卷，元王振鹏绘，墨笔画春秋时伯牙、钟子期故事。

伍子胥出奔吴国

　　周景王二十三年(前522)，楚平王听信谗言，想杀太子建，于是将太子的老师伍奢召来并将他关押起来。太子建逃亡到宋。楚平王怕伍奢的两个儿子伍尚和伍子胥成为日后隐患，就派人召两人来，说：你们来了就可以放掉你父亲。大儿子伍尚为全孝道去了，跟父亲伍奢一起被楚王杀掉；小儿子伍子胥为报父仇出逃到宋国投奔太子建。不巧宋发生内乱，伍子胥便和太子建逃到郑。在郑三年，太子建报仇心切，参与密谋要夺郑定公的权，被郑定公发现杀了。伍子胥带着建的儿子太子胜逃奔吴。逃到吴楚交界的昭关(今安徽含山县

伍子胥像

北)，关上盘查很严，因为郑王已叫人画像悬赏捉拿伍子胥，伍子胥非常发愁，传说他一夜之间愁白了头发，在好心人东皋公的帮助下混出了关。伍子胥和

太子胜一路疾行，唯恐后面有追兵到来。到一条大江前，有一渔夫将伍子胥和太子胜渡过了江。伍子胥为感谢渔夫，摘下身上的宝剑相赠，说这值100金的。渔夫说楚国有令，凡抓到伍子胥都可以得到5万石粟和高官厚禄，我这都不在乎，还在乎你的剑吗？伍子胥还未到吴，在路上便病倒了，一路乞讨到了吴国。吴国公子光引见伍子胥给吴王，伍子胥劝吴王伐楚，被公子光阻拦住。伍子胥见公子光想谋王位，便举荐勇士给公子光。公子光杀了吴王僚后自立为王，这就是吴王阖闾。吴王即位后，封伍子胥为大夫，又任用了将军孙武，富强国家，整顿兵马，先后兼并了附近几个小国。周敬王十四年(前506)，吴王拜孙武为大将，伍子胥为副将，伐楚，一直打到郢都。伍子胥将楚平王之尸挖出，鞭尸以解父仇。

伍子胥画像镜

晋治兵邾南

周景王十六年 (前 529) 七月，晋国治兵邾南，各诸侯震服。

晋国自弭兵之会以后，霸权渐渐衰落。国内情况如子产所说："政出多门，只求苟延度日。"国际间则屡受强楚的挑衅而不敢与之争衡；楚灵王先后灭陈、蔡，晋国只能眼睁睁坐视。由此而威信日减。齐景公之所以敢于公然宣称欲取晋之霸主地位而代之，就是因为清楚地看出了这种趋势。

本年，晋大夫叔向向昭公建议，大会诸侯以示威，以使诸侯不敢对晋二心，昭公以为然。恰好鲁国曾于 3 年前伐莒，夺取了莒邑郓地 (今山东沂水县境内)，晋昭公大会诸侯而讨之。本月，晋国在邾国的南境举行大规模的军事检阅，装载甲士的战车有 4000 辆，声势之大前所未有。鲁国深感畏惧，向晋国表示服从。八月七日，晋昭公会周卿士刘献公及齐、宋、郑、卫、曹、莒、邾等八国诸侯，同盟于平丘 (今河南封丘县东)。

晋国的兵力虽然强大，但"政出多门"却是它无法克服的痼疾，4000 乘兵车实际由各强宗大族分别控制，因此也就不可能真正重振霸业了。这可说是晋的回光返照，数年之后晋被三家分割而亡。

吴楚战于长岸

周景王二十年 (前 525) 吴军进攻楚，两军战于长岸 (今安徽省涂县西南)，楚将司马子鱼先战死，楚军跟着上去，大败吴军，俘获一条名叫余皇的船，移舟于岸，派随国人和后来到达的人看守，环绕这条船挖深沟，一直见到泉水，然后用炭填满，摆开阵势等候命令。吴公子光向大家请求说，丢掉先王的坐船，难道只是我一个人的罪过？大家也都有罪。请求靠大家的力量夺回来，以救一死。众人齐声赞同。于是公子光派三名身高力壮的人埋伏在船旁边，说，夜里我喊余皇，你们就回答，军队随着跟上去。到夜里，喊了三次，埋伏的人交替回答，楚人上去杀掉这三人，吴军趁楚军混乱将其打败，夺了余皇返回。

长岸之战是我国古代最早的编队水战，标志中国战术的重大进步。

曲刃短剑，春和东胡民族兵器。剑身曲刃，圆柱状脊，有短茎可插入柄内。圆柄呈丁字形，饰三角勾连回纹。1976年内蒙古宁城北山嘴出土。

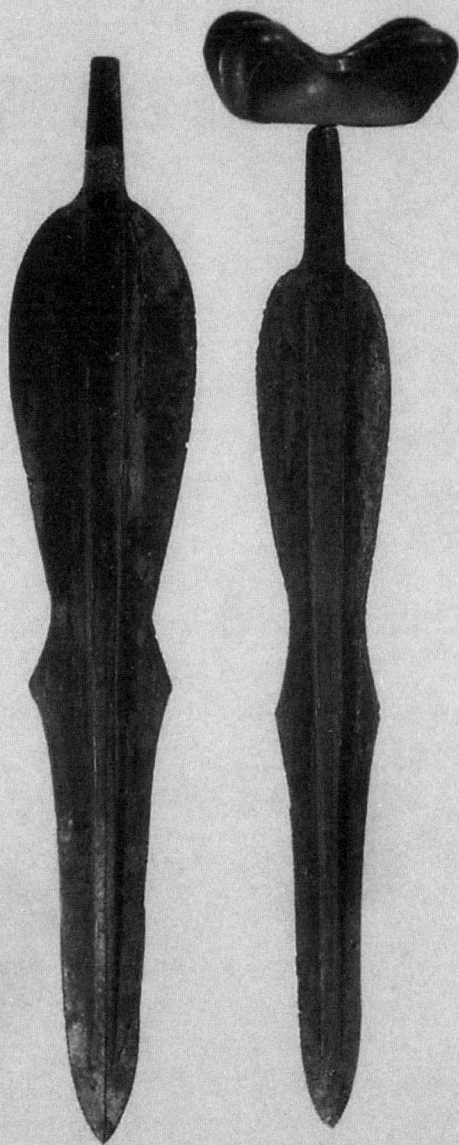

曲刃短剑，春秋兵器。

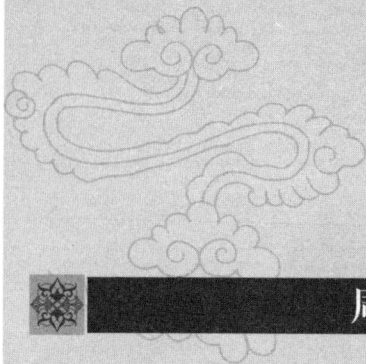

周室二王并立

周景王二十五年（前520）夏天，周景王死，周大夫单穆公等立景王长子猛，是为悼王。景王庶子王子朝发动叛乱，以争夺王位。王子朝击败悼王的军队。

当年，周悼王死，周敬王继位。

周敬王元年（前519），晋国拥立周敬王，派兵围攻王子朝，王子朝溃败。晋军撤回。六月，王子朝卷土重来，屡败周朝军队。六月二十四日，王子朝进入王城。此时敬王居王城东之狄泉，人称东王；王子朝被周世卿尹氏立为王，以称西王。于是形成二王并立的局面。

王子朝作乱后，王子朝与周敬王长期对峙，相互争斗。

周敬王三年（前517）夏，晋赵鞅召集鲁叔诣、宋乐大心、卫北宫喜、郑游吉以及曹人、邾人、滕人、薛人、小邾人在黄父（今山西沁水县西北）相会，商量安定王室。赵鞅命令各国向周天子输送粮食，准备好戍守的将士，并告诉各国，明年将送周敬王返回王城。周敬王四年（前516）十月十六日，周敬王在晋军拥护下在滑（今河南偃师县南）起兵。十一月，支持王子朝的周世卿召伯盈见晋师节节取胜，于是倒戈逐王子朝，王子朝与部分召氏之族及毛、尹等族携带周室典籍，出奔于楚。

十一月二十三日，周敬王进入成周。

三桓逐鲁昭公

周敬王三年（前517），鲁国季氏、郈氏斗鸡。季氏给鸡套上皮甲，郈氏给鸡安上金属爪子，季氏的鸡斗败，季平子发怒，便在郈氏领地里扩展自己的住宅，郈昭伯于是怨恨季平子。

后来，臧昭伯之弟臧会伪谗臧氏，匿于季氏，臧昭伯执季氏之人。季平子怒，囚臧氏家臣。臧氏、郈氏于是告难于鲁昭公，要除去季平子。九月十一日，鲁昭公不听子家驹的劝告，下令攻打季氏，杀死季平子之弟公之，并攻进季氏家中。季平子请迁于沂水，昭公不许；又请囚于鄪（季氏封地），不许；请求带5辆车子逃亡，复不许。子家驹劝昭公许之，昭公不听。叔孙氏家臣戾问大家："季氏是存有利？还是亡有利？"大家都说："没有季氏，就没有叔孙氏。"于是戾带大家援助季氏，打败王室军队，杀郈昭伯。孟懿子闻叔孙氏胜，亦杀郈昭伯。三桓共伐昭公，鲁昭公见三桓势力强大，于是和臧孙到祖墓辞别祖宗，开始逃亡，依附于齐。

鲁三桓在春秋早期发展很快，拥有自己的领土、附臣和军队，其政治势力逐渐凌驾于鲁国国君之上，是春秋时代大夫势力膨胀的代表，成为等级制破坏、政局混乱的一个因素。三桓逐鲁君是三桓势力的高峰。

单人骑马开始出现

　　周敬王三年（前517），宋人左师展与宋元公"乘马而归"，此时，单人骑马开始出现。在洛阳金村出土的春秋铜镜上，绘有骑士持剑刺虎图，也反映出单人骑马的出现。

双兽三轮盘，春秋后期盥洗器。吴越青铜器中属于有强烈地域色彩的器物。

　　在此之前，上古中国属于乘车穿裙文化，男女都以穿裙为主，交通和战争中使用马匹也主要用于拉车，骑马是上古中国人的生活方式。后来，受游牧民族的影响，骑马才逐渐流行，生活方式亦随之发生变化。为中国服饰进入按头制帽、量体裁衣阶段打下基础。中国历代服饰分为两种基本形制：一种是上衣下裳制，一种是衣裳连属制。在数千年的服饰演变史中，两种形制的服装交相使用。

专诸刺吴王僚·吴王阖闾即位

　　吴王诸樊死时遗命王位继承兄终弟及，以使幼弟季札最终能够即位。周景王十八年（前527），吴王夷末死，应由季札继立，季札坚辞不就，结果夷末的儿子僚即位为王。诸樊的儿子公子光不服，暗中打算夺位。

　　周敬王五年（前515）吴王僚派两个弟弟公子掩余、公子烛庸率吴军围攻楚的潜（今安徽霍山县东北）邑，被楚阻截而进退两难。吴公子光认为，这是图谋杀王大事的良机。他与勇士专诸谋刺吴王僚，于是专诸将老母亲、弱

汉墓石画专诸刺吴王僚图

子托付给公子光，自己冒死去刺杀王僚。此年四月，公子光先在地下室埋伏甲士，然后设享礼招待吴王。王僚让甲士披甲坐于道路两旁，一直排列到大门口。大门、台阶、里门、坐席上，都是王僚的亲兵。亲兵手持短剑，卫护在王僚两旁。端菜的人要在门外先脱光衣服，换穿别的衣服，才能进门。进门后要膝行而入，被持剑的亲兵用剑夹着，剑尖快要碰到身上，然后才递给上菜的人。一切布置好以后，公子光假装有脚病，躲进地下室。专诸把剑放在鱼肚子里，然后进入，抽出剑猛刺王僚，杀死了王僚，两旁的短剑也交叉穿进专诸的胸膛。吴王僚死后，公子光继位，即吴王阖闾。

配儿句。器主配儿，当是吴王阖闾初立太子，夫差之兄。

吴王重用伍员·吴国始盛

周敬王六年（前514），吴王阖闾任用伍员为行人（外交官），以伯嚭为大夫，共谋国事。在伍员和伯嚭的主持下，吴国进行了一系列改革，国势渐大。

令伍员受命筑阖闾城（今江苏苏州），名城苏州（姑苏）开始建立。周敬王八年（前512），伍员推荐孙武给阖闾，孙武与吴王讨论晋六卿强弱，开始治兵。

阖闾命令收留两逃亡公子的徐国和钟吾国抓拿两公子，但两国却让他们逃到楚国，楚昭王封赏他们土地，甚为优待，吴王因而怒楚。此年十二月，吴抓获钟离国君，进而攻打徐国，灭徐。周敬王九年（前511），吴王采用伍员的谋略讨伐楚国，吴军分为三师，轮流出扰，彼出此归，彼归此出，楚军疲于奔命。吴三师趁势齐出，大败楚军。周敬王十年（前510），吴王率军讨伐越国，越君允常迎战，吴、越首次交兵。由于吴国重用伍员，不断治国强兵，国力开始强盛，威震诸侯。

春秋时代已盛行的台榭高层建筑

诸侯为周筑城

周敬王十年（前510），周室已经破落，无力筑城，请诸侯为它修筑毁于王子朝之乱的城周。于是晋魏舒、韩不信、齐高张、宋仲几、鲁仲孙何忌、郑国参等大夫会于京师。晋士弥牟制订工程方案，计算城墙长度、高度、厚度和沟渠深宽，考察土方数量，运输远近，以及所需器材和粮食，预计用工多少和完工日期，以命令诸侯服役。

筑城工程本身不重要，却是世界上最早的工程运筹学，说明当时数学、工程已极其发达。

吴王破楚入郢

前506年，吴军攻破楚都郢，吴国声威大震，成霸业。

吴楚之间的战争连绵不断，直到吴王僚时期，双方仍是各有胜负。阖闾夺取吴国王位之后，采用伍子胥的计谋，分兵数支，频频出击以调动楚军，楚军四处奔波，疲惫不堪，渐处守势，吴军夺取楚国许多城池。在这样困难的局面下，楚国执政令尹子常却贪鄙残暴，为了索求贿赂而先后扣留了唐、蔡两国的国君，招致两国极大的怨恨。

阖闾九年（前506）冬天，吴王征求伍子胥、孙武的意见，伍、孙二人认为楚将子常贪婪，招怨唐、蔡两国，吴与唐、蔡联合出兵定可胜楚。吴王阖闾便亲率吴国大军，以唐、蔡军队为先导。吴军乘船抵蔡，在淮汭登陆，在豫章一带与楚军隔汉水而对峙。楚左司马沈尹戌向子常献计：包抄吴军后路，毁掉吴军舟船，前后夹击吴军。子常生怕沈尹戌立了大功，故意不采纳他的计策，自己率领楚军主力抢先渡过汉水，与吴军交战，接连三次败北。吴、楚双方又于柏举（今湖北麻城东北）列阵而对。阖闾之弟夫概分析战场形势，认为"子常不仁不义，下属官兵缺乏斗志，只要首先进攻，然后大军跟进，楚军必败无疑"，未得军令的夫概带领部下 5000 士兵突袭楚军，楚军溃退，吴王率领大军长途追击，在清发水（今湖北安陆县）追上楚军，趁楚军渡河至水中央时，猛烈进攻，大获全胜。楚军残部继续逃跑，在雍澨（今湖北京山）又被吴军追杀。吴军五战五捷，抵达楚都郢。十一月二十七日，楚昭王携其妹逃出郢，吴军于次日入郢。伍子胥掘楚平王墓，鞭尸 300 以泄旧愤。

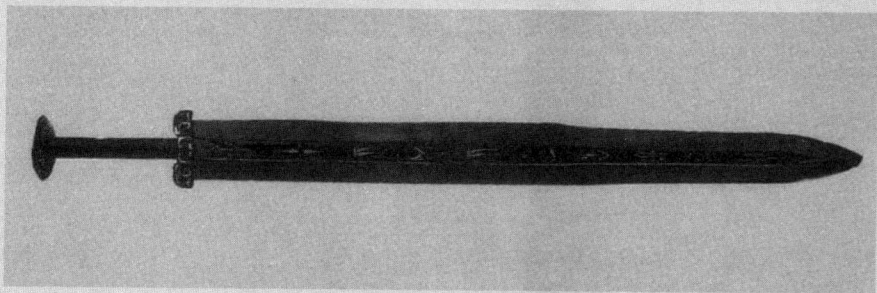

少虡剑，春秋后期兵器。长锷，宽格，圆茎，喇叭形首。格饰窃曲纹，首饰同心圆纹。剑身中部平脊微凹，两面有嵌金铭文共二十字，记作剑日期及剑名。

申包胥哭秦廷·秦助楚复国

　　楚昭王十年（前506），吴王阖闾与楚亡臣伍子胥率领军队大败楚国，楚昭王先出奔郧（今湖北安陆），郧公之弟欲杀昭王以报父仇，被郧公劝阻，昭王只得又出奔随（今湖北随县）。

　　吴军攻入楚国郢都，楚国面临生死存亡之际，申包胥急急忙忙赶到秦国请求援助。楚大夫申包胥与伍子胥从前是朋友，楚平王因废立太子事杀害子

鸟盖云纹扁壶

蟠虺纹盂

胥父伍奢，子胥逃亡前对包胥说："我一定要灭亡楚国。"申包胥则答道："我一定要保存楚国。"申包胥请求秦国施以援手，拯救楚国。秦哀公犹豫不决，申包胥靠在宫廷的墙上哀声痛哭，日夜不断，连续七个日夜滴水不进。秦哀公深受感动，终于答应出兵。次年，秦哀公派子蒲、子虎率领 500 辆战车救楚，大胜吴军于稷（今河南桐柏境）。吴国军队撤回国内，楚昭王返回楚都郢，楚复国。

鲁国阳虎作乱

鲁定公五年（前505），季平子去世，季氏的家臣阳虎揽取大权。9月，阳虎囚禁季桓子，强迫季桓子盟誓，将季孙氏的权力交给他。鲁定公七年（前503），齐国攻鲁，夺取郓（今山东沂水东北）地让阳虎掌管。鲁定公八年（前502）十月，阳虎与季氏庶子季寤、叔孙氏庶子叔孙辄相勾结，准备乘祭祀的机会发难，杀死三桓，以季寤取代季桓子，以叔孙辄取代叔孙武叔，自己取代孟懿子。不料事情泄露，孟孙氏预先得知，计划先发制人。与此同时，季桓子以计逃脱阳虎魔掌。预谋不能得逞，阳虎便劫持鲁定公和叔孙武叔进攻孟孙氏，双方在都城内大战，阳虎不敌，出逃至阳关（今山东宁阳县北）据守。

次年六月，三桓出兵攻打阳关，阳虎败而出奔至齐国，请求齐景公出兵伐鲁，景公准备答应而被鲍文子劝止。阳虎被囚，后又逃到晋国赵简子门下。

在春秋时代，礼制崩溃，诸侯僭于天子，大夫架空诸侯，家臣胁持宗主。鲁三桓以大夫而凌架于鲁君之上，季氏家臣阳虎又作乱反对三桓，代表春秋时代特色。

吴师破越·勾践卧薪尝胆

周敬王二十四年（前496），吴王阖闾战死。夫差即位，誓要报仇。周敬王二十五年（前495），夫差任命大夫伯嚭为太宰，向他学习战射，要雪耻檇李之战之辱。

周敬王二十六年（前494）春，吴王夫差为报父仇而率军攻越，在夫越（今浙江绍兴北）打败越军，越军退守会稽山（今浙江绍兴东南）。越王勾践率披甲持盾的5000名士兵守卫，同时贿赂吴太宰嚭而求和。越国又给夫差进献美女，太宰对夫差说：只要越国臣服就可以了。伍员认为不妥，说："越国与我国世代为仇，现不灭越，以后必然后悔，勾践是贤能之君，又有文种、范蠡等良臣辅助，如果让他们返回越国，必有后患。"此时，夫差有志向北方扩土。不纳伍员之言，与越媾和。

　　勾践与范蠡作为人质留在吴国。卑事夫差，而把治理国事之政交给文种。

　　勾践在越三年，到周敬王二十九年（前491）吴王夫差赦勾践归国，他苦心积虑，立志报仇雪恨。为了磨砺志气，不忘屈辱，他把苦胆挂在室内，吃饭之时一定要先尝苦胆。睡觉时候身下垫着木柴，以使自已警惕，不得居安忘危，丧失报仇雪恨的决心。他亲自与百姓一起共同耕作，让夫人织布裁衣，食不加肉，衣不饰采，与民同甘共苦。经过长期的艰苦奋斗，"十年生聚，十年教训"，越国终于从失败中重新崛起。

　　周敬王三十八年（前482）夏，越王勾践乘夫差远出，以大军攻吴，越以精兵4万，近卫亲军6000分两路伐吴。越大夫畴无馀、讴阳率师从南方先抵吴国都，吴王孙弥庸、王子地出击，胜越师，俘获无馀及讴阳。越王勾践率大军复至，大败吴师，俘获吴太子友及王孙弥庸等，破吴都。夫差归国派人求和，越王答允。

　　周元王四年（前473），勾践再次大举攻吴，击败吴军。囚吴王夫差于姑苏山。吴王夫差派公孙雄往见勾践请和，勾践不许，再次进兵吴，勾践请夫差居甬东。与三百家为其服役以终享天年，夫差谢曰："吾老矣，不能事君王！"遂自杀。此后，周元王封勾践为伯，即诸侯之长，勾践遂称霸于诸侯。

夫差进军中原·伍员诤谏而死

吴王夫差二年（前494），夫差为父王阖闾报仇雪恨，举兵伐越，越国大败，越王勾践求和。夫差不听从伍子胥不可留后患的劝谏，听太宰嚭之言，同意越国的求和。

七年，夫差趁齐国大臣作乱，准备出兵北伐齐国，争霸中原。子胥认为越王勾践食不甘味，吊死问疾，收服民心，此人不死，必为吴患，现在越是吴国心腹之疾，不先灭之，反去伐齐，是很荒谬的。吴王不听，伐齐，大胜，于是从此疏远子胥。前488年，吴王夫差在鄑（今山东枣庄市东）召鲁哀公来相会，又派人往鲁求取百牢，以供宴礼之用。按周礼，周王会诸侯，宴礼十二牢。夫差之举显然是欲打破周制，显示势力。后因鲁国执政大臣季康子派子贡向太宰嚭以周礼婉拒，百牢之宴才取消。

吴王率军占据齐、鲁南部，同年九月，又为驺伐鲁，与鲁结盟而还。夫差十年，吴军班师回国。次年，吴王又打算北伐齐国，子胥又谏，吴王不听，派子胥出使齐国，子胥观夫差行为，知吴国必亡，就把儿子留在齐国，只身一人回吴国继续为吴王效力。而这时吴王率军伐齐失利，撤兵回国。太宰嚭与子胥早有冲突，乘机谗毁子胥。吴王夫差便赐子胥自刭。子胥仰天长叹：我使你父王称霸诸侯，又冒死相争使你被立为太子。你继立为吴王时，曾想将吴国分封于我，今天怎么反而去听谗臣之言而杀长者！越国亡吴国为时不远了。

子胥既死，吴王夫差于十三年（前483），召鲁、卫之君会于橐皋（今安徽合肥东南）。十四年春，吴王夫差北会诸侯于黄池（今河南封丘南），立意保全周室，称霸中国。七月，吴王与晋定公争为盟长，各不相让。吴国声威震中原，成为五霸之一。

后夫差闻勾践率越师破吴都，乃让位于晋侯，回师复国，霸业消亡。至二十三年（前473），越终灭吴，夫差自杀而亡。

凤纹尊，春秋中期容酒器。

吴凿邗江

　　吴王夫差为着攻伐齐、晋，称霸中原，于前486年，下令在邗（今江苏扬州市东）筑城，又开凿邗江（又名邗沟、邗溟沟、渠水、中渎水），南引长江水，北过高邮西，然后折向东北入射阳湖，又从西北流经淮安往北与淮河相通，这样就使漕运能从长江一直达到淮河。邗江为我国最古的运河，后代大运河仍利用其河道。

干沟

勾践灭吴·夫差自杀

前494年，吴败越后，越王勾践卧薪尝胆，抚恤国民，寻机报仇。前482年，夫差在黄池（今河南封丘南）会集北方诸侯，把精锐部队带走，只留下老弱留守。越国趁机发兵五万多进攻吴国，大败吴军，杀吴王太子。夫差收到报告后，请人以厚礼向越请求和解。越王觉得现在还没有力量灭吴，就答应了

战国武士靴形钺。器作靴形，平刃，銎为椭圆形，銎侧有一环纽。正面一绳索圈内铸一人。在其左右有一些不知名图案。背面有六人。图案与纹饰具有春秋战国时期南方越族文化的鲜明特点。

请求。四年之后，越国更强大，而吴国因为连年征战，精锐人马多死在齐、晋，士兵和人民都十分疲惫。越王勾践率兵讨伐吴国，大败吴军于笠泽（今江苏苏州南）。前476年，越再次伐吴，越军围吴国三年，吴军被击败。越军将夫差困在姑苏山（今江苏苏州西南）。夫差派公孙雄肉袒膝行请求和解，而勾践不许。越灭吴后，越王勾践请吴王夫差到甬东（今浙江舟山岛普陀北）居住，并给他三百夫妇，使他可以终老，夫差拒而自杀，临死前遮住面，说无颜见伍子胥。

前473年，越灭吴后，勾践率兵北渡淮水，与齐、晋等诸侯会于徐州（今山东微山东北），向周进贡。周元王派人赐胙，并封勾践为伯。越成为当时大霸。

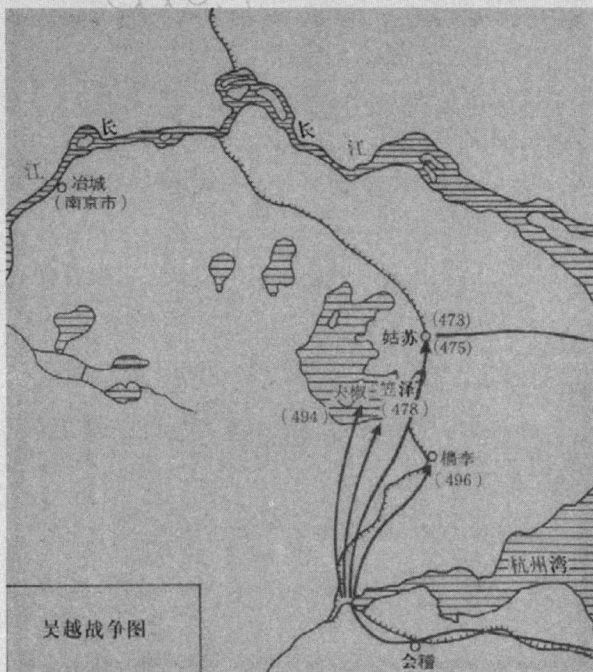

吴越战争图

韩赵魏三家灭知氏分晋

早在晋平公、晋昭公的时代，晋君就已经为大臣们所左右，逐渐形成了政出大夫家门的局面。战国早期，晋国卿大夫势力以知氏最强。知氏曾经率晋国势力颇大的赵、韩、魏三卿，攻灭范氏和中行氏。周定王十四年（前455）知瑶向韩索取土地，韩康子听从臣下建议，派使臣将万家之邑送给知氏。

知瑶又索地于魏，魏宣子根据"欲擒故纵，欲取故与"的原则，也使人将万家之邑送给知氏。知瑶连连得手，便愈来愈骄横，就派人索地于赵，指名要赵将蔡和皋狼两地送给知氏。赵襄子拒绝了知氏的勒索，知瑶大怒，遂率韩、魏的军队征伐赵。赵襄子寡不敌众，便逃奔到晋阳固守抵御。知瑶遂率大军围困晋阳。从周定王十四年到周定王十六年（前453），三家军队围困晋阳前后3年，并引汾水灌晋阳城，水势浩大，只余三版高的城墙未被水淹。晋阳城中悬釜而炊，巢居而处，易子而食，士卒疲病，形势十分危急。赵无恤感到害怕，遂派其相张孟谈出城，夜会韩、魏之君，晓以唇亡齿寒之理，说："现在知伯正统帅攻伐赵国，赵国将灭亡，赵亡后就轮到你们两位了。"韩、魏与赵遂联合共同对付知氏。赵、韩、魏三家大败知氏军队，擒杀知瑶。其地为赵、韩、魏瓜分。三家灭知氏以后，

战国前期络纹。盛酒器。全器以极细的蟠虺纹为地，并浮雕套结状的络纹，是三晋青铜器上盛行的纹样。

晋国大权由三家执掌，晋君反而要朝见赵、魏、韩之君。"三家分晋"的局面正式形成。同年，知瑶家臣豫让为报仇而谋刺赵无恤，未遂被捕。后来，他求得赵无恤的衣服，拔剑击衣后自杀。韩赵魏三家的权力得到巩固。

鲁三桓攻鲁哀公

鲁国公卿孟孙、叔孙、季孙都是鲁桓公的后代，称为"三桓"。鲁文公死后，三桓势力日益强盛。鲁僖公时，季氏执掌国柄，后孟孙氏、叔孙氏又相继执政。至鲁襄公时，三桓作三军，各拥一军，鲁国公室实际上被瓜分，鲁昭公甚至一度被三桓逐出鲁国。昭公之子鲁哀公为巩固自己的统治地位，力图与诸侯加强联系。当时，越王勾践灭吴称霸，国势强盛，鲁哀公竭尽全力与之修好。

周定王元年（前468），勾践派舌庸聘鲁，鲁哀公率三桓与之盟于平阳（今山东邹县），并屈从于吴国的要求。三桓为中原大国鲁称臣于蛮夷越而深感耻辱，对鲁哀公怨恨有加，而鲁哀公得越之助则公开排挤三桓。此年四月，季康子死，哀公吊丧之礼有减，露出轻视三桓之意。鲁哀公欲借越之力除掉三桓，直接威胁到三桓的存亡，三桓遂决意与鲁哀公一争高下。此年八月，鲁哀公往赴公孙有陉氏之家，三桓以武力进攻哀公，获胜。鲁哀公从鲁出亡，先逃到卫国，又从卫国逃邹，再从邹避于越。

周定王二年（前467），鲁哀公被鲁人迎回，不久即死去。其子宁继位，是为鲁悼公。悼公之时，三桓势力更加强大，鲁君如小侯，地位低于三桓之家。

楚占江淮以北·国势复盛

　　春秋时代的强国楚国在春秋晚期被新崛起的吴国打败，但吴、越战争减轻了楚国的外来压力。周元王四年（前473），越灭吴，楚由此解除来自吴的威胁，国力开始复兴。

　　周定王二十二年（前447），楚攻灭蔡国。蔡国是周初所封的重要诸侯国，一直是楚、晋等大国争霸的中间地带，蔡被楚灭，楚国势力上升。此后，蔡侯齐虽然逃亡在外，但再也没有能够复立蔡国。

　　周定王二十四年（前445），楚攻灭姒姓的杞，同时又与秦国修好关系，继续扩展疆土。越国灭吴国，但未完全控制江、淮以北地区。楚惠王看有机可乘，于是派兵东征，向东扩展领土以至泗水以上，尽占有江、淮以北地区。

　　楚国这一系列的扩张成功使楚国恢复为有影响力的一个大国，国势复盛。

战国前期楚王章

韩魏攻灭伊洛阴戎·杜绝中原戎患

　　周定王二十五年（前444），秦国发兵攻伐义渠戎（古戎国，居于今甘肃庆阳西南），拘捕了义渠王。与此同时，韩、魏两国也联合出兵攻伐伊洛阴戎（古戎族，居于今河南西部伊河、洛河之间）。伊洛阴戎逃脱者向西越过汧（今陕西千河）、陇。从此，伊河、洛河流域（今河南西部）的戎族势力被消灭，中原地区再无戎族严重的祸患。

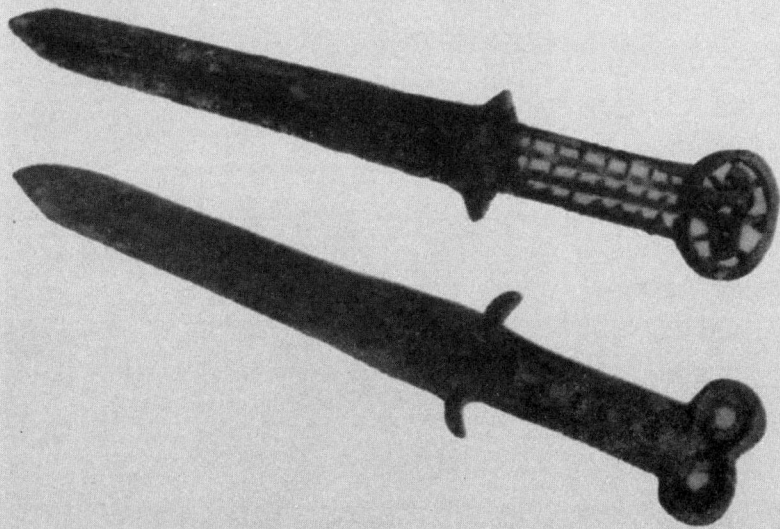

山戎青铜短剑。北方民族使用的兵器，多具有短小、便携的特点，以适应"骑战"的需要。图为山戎墓出土的一组青铜短剑。

山戎饮酒器。发现于山戎墓葬的饮酒器具，
既表明了该民族的豪饮习性，也可看出华夏
文化对北方民族的影响。

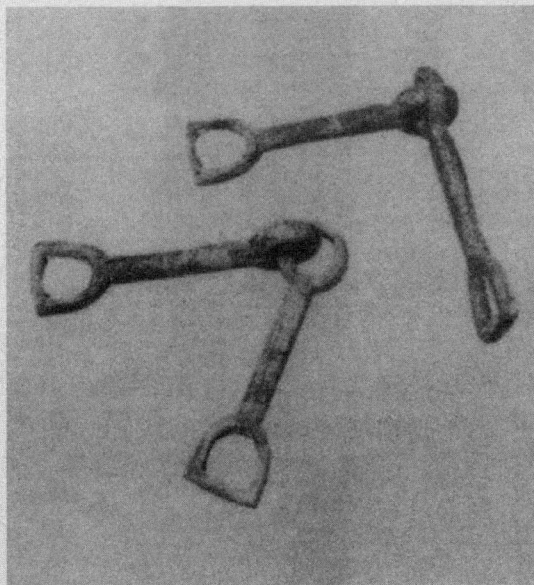

铜马衔。游牧民族离不开马，
驭马与骑战是游牧文化的显
著特征。图为山戎墓葬出土
的铜马衔。

秦赵桓子自立

周威烈王元年（前425）赵襄子去世，其弟赵嘉逐献侯自立，为赵桓子。

赵襄子是开创赵国的一位重要人物。他欲传于其兄伯鲁之子代成君，代成君先死，襄子又取代成君之子浣立为太子，赵襄子死后，浣继立，为赵献侯。赵国内部实质上存在着两大派势力，一派势力是赵襄子旧臣而拥立赵浣为献侯者；另一派势力是赵襄子之弟赵嘉。赵嘉驱逐赵献侯而自立，称为赵桓子。

赵桓子即位不久即死去。赵人认为赵桓子继位并非赵襄子本意，遂杀死赵桓子之子，复立献侯浣。

秦作上下畤分祭黄帝炎帝

周威烈王四年（前422），秦作上畤和下畤。以上畤祭黄帝，下畤祭炎帝。畤是古代祭天地或帝王的处所，以畤为称，以秦国为最多。早在秦襄公开始立国时就曾经作"西畤"以祀上帝。秦文公因梦黄蛇自天而下属地，故"鄜畤"用三牲郊祭白帝。秦宣公时又作"密畤"于渭南，以祭青帝。秦国雍地附近原有"武畤"和"好畤"，因历时既久而荒废。秦灵公恢复这两处的祭祀，称为"上畤"、"下畤"分祭黄帝和炎帝，据专家们研究，秦国诸畤出于当地传说，其初均为民间祠祀，所祭之神相当杂乱。"上畤"、"下畤"的分祭黄帝炎帝与黄炎两族发祥于黄土高原并给人们留下深刻印象的情况有关。畤为峙立之意，民间可能在田中立石以祭祀各种神灵，以后才逐渐演进。

战国前期大武戚。兵器。长方扁平内有"T"形孔,阑侧两半圆穿。宽授,中有脊,尖锋突起。授两面均有相同图像。内上有铭文"大武"等四字。

魏文侯出兵平晋乱

周威烈王十年(前416)魏文侯平定晋内乱。晋幽公时,晋国更加弱小,独有绛、曲沃之地,其余的皆入韩、赵、魏3家。幽公反而朝拜韩、赵、魏之君。幽公荒淫无度。周威王十年(前416),幽公淫于妇人,夜出于邑中,为盗所杀。魏文侯闻讯后,出兵平晋乱,立幽公之子止继位,是为晋烈公。魏文侯是魏桓子之孙,在魏国发展上产生重大作用。魏文侯于周威烈王二年(前424)继位,和他同年继位的有秦灵公、韩武子、赵桓子。魏国在魏文侯继位的时候,形势并不太好,主要疆域在晋南一带,河西地区为秦所有,遏制着魏的发展。魏文侯十分重视儒家学说,他曾随子夏学习儒家的经典和理论,又非常尊敬贤能之士,魏国力量逐渐强盛。

中山武公初立

周威烈王十二年（前414）中山武公初立，定都于顾。

中山在战国时期是一个相当重要的诸侯国。汉代刘向校书编定《战国策》时专列有中山策。一般认为，中山不同于中原诸侯，她不属于华夏，而是北方少数民族白狄的国家，春秋时原称鲜虞。白狄原在晋国以西地区，或谓其是姬姓。鲜虞是姬姓，所以古代以鲜虞为白狄别种，在今河北省中部地区有三个白狄别种的小国，鲜虞在正定，肥在藁城，鼓在晋县。春秋晚期晋扩展

中山国鸷鸟中柱盆。盛水器。小折沿，直壁，下腹部折收成小平底，下由束腰圆柱和镂空蟠螭纹圈座承托。内底凸铸一鳖，背驮一圆柱，楼顶有一雄鹰，双爪抓住纠结着的双蛇头部，作展翅飞翔状。外壁有等距相对的飞鹰四只，颈挂吊环作回首状。该器造型新颖，别具匠心。原盆内可能盛水，底有一鳖；上有雄鹰擒蛇，似有除恶祈祥之意。中山王墓出土。

势力，肥、鼓两国被灭，只余鲜虞屹立。周敬王二十八年（前492），"中山"之称已见于《左传》记载。中山王墓铜方壶的铭文有"皇祖文、武"的说法。可见，中山国在初创时有文公、武公两位国君。

中山国镶嵌犀牛屏风插座。牛体后坐，作负重状，背有方柱形插口。通体错金银。插口饰倒置的兽面纹。河北平山中山王墓出土。

魏取河西

河西地区（今陕西、山西间的黄河南段以西、陕西省境内的北洛水以东的地区）是秦、魏两国在战国前期争夺的焦点。在魏文侯中期，魏国力量迅速增强，向四边扩展，主动对秦作战，不断向河西渗透。周威烈王七年（前419），魏筑少梁城（今陕西韩城西南），秦于次年夺去，并在黄河边修筑了防御工程。魏攻势不减，于周威烈王九年（前417）夺回少梁。周威烈王十四年（前412），魏文侯派其子击率军围攻繁庞（在今陕西韩城东南），攻陷城池，逐走秦人。周威烈王十七年（前409），魏伐秦，大胜，筑临晋（在今陕西大荔东南）、元里（在今陕西澄城东南）二城。周威烈王十八年（前408），魏继上年取秦临晋、元里后，又夺取秦国洛阴（今陕西大荔西）、郃阳（今陕西洛阳东南）等城。魏国用两年时间陆续攻取秦河西之地，在战略上具有重要意义。魏国在此设立河西郡，筑城护守，以吴起为河西守。魏国将河西郡视为插入秦国领土内的一把利剑。秦国只能退守洛水（今陕西省北部），沿河修筑防御工程，建重泉城（今陕西蒲城东南之重泉村）固守，与魏军对峙。

魏灭中山国

魏文侯当政时，中山国君是中山武公。中山国政治十分腐败，统治者荒淫奢侈，昼夜颠倒、男女淫乐、歌舞不断、国政荒废。魏文侯遣大将乐羊讨伐中山。魏与中山不相邻，中有赵相隔，魏文侯遂借道于赵。赵烈侯初不许，后在赵利进谏下让道于魏军，以图收渔人之利。周威烈王十八年（前 408），攻打中山之役爆发。

此役主帅乐羊之子本在中山国任职，但善于用人的魏文侯还是相信翟璜的荐举，以乐羊为将去伐中山。乐羊率魏军到中山城下时，中山君烹杀乐羊之子并派人将乐羊之子做成肉羹送给乐羊，想以此沮丧乐羊的斗志，然而乐羊却不动声色地吃下一杯肉羹，乐羊以此来表示自己以国家利益为重。乐羊率魏军猛攻中山，苦战 3 年，才灭掉中山国，获得彻底的胜利。魏堵师赞向魏文侯进谗言，说乐羊连自己儿子的肉都能吃下去，还有谁的肉不敢吃呢？攻击乐羊是一个极残忍的人。乐羊灭中山以后，魏文侯使太子击驻中山，而将乐羊调回，两年之后才封乐羊于灵寿（今河北灵寿西北）。

中山国镶嵌立牛屏风插座。通体以金银镶嵌成卷云纹，纹饰精丽。

韩、赵、魏封侯·三晋伐齐

战国前期蟠夔纹敦。盛食器。器腹似鼎，并有鼎状附耳，下承矮圈足。此器形制比较少见，战国三晋地区鼎多矮足，器腹几乎及地，只能实牲而不能烹煮。此为鼎的变形，把三矮足改变为矮圈足，盖隆高可却置使用。

春秋时期，晋国本有赵氏、魏氏、韩氏、知氏、范氏、和中行氏六卿。战国初年（前458），知氏、赵氏、韩氏、魏氏兼并范氏和中行氏，并瓜分其土地。前453年赵氏、韩氏、魏氏又联合消灭知氏，三分其地。从此，晋国大地为韩、赵、魏三家割据，控制了晋国政权，晋君反朝于三家之君。齐田悼子去世后，田氏发生内乱，三晋乘机向齐发起进攻，企图在中原地区扩大其势力范围。周威烈王二十二年（前404），三晋联军再一次向齐国发起进攻，一直打到齐的长城处（齐长城，西起防门——今山东肥城西北，东至琅琊入海），三晋声威一时大振。魏文侯将齐国的俘虏献给天子，天子赏文侯以上卿，骉羌钟可能就是这一段史实的记录。周威烈王二十三年（前403），周天子正式册命韩虔、魏斯、赵籍为诸侯，韩、赵、魏自此成为三个独立的诸侯国。史称"三家分晋"。其中韩国据有今河南中部及山西东南部，国都在阳翟（今河南禹县）；赵国据有今河北省的中部和河南省的北部和今山东部分土地，国都在邯郸（今河北邯郸）；魏国据有今陕西东部、山西西南及河南北部地区，国都在安邑（今山西夏县）。

田氏代齐

经长期发展，田氏终于代姜氏据有齐国。

田氏本是郑国贵族。春秋初年郑国内乱，公子完逃往齐国，被齐桓公任命为"工正"。公子完的后代就是齐国的田氏。齐景公时，田桓子采取各种手段笼络民心，使齐国的大量民众逃往田氏门下。周敬王三十一年（前489），田桓子的儿子田乞（田僖子）发兵驱逐齐国旧贵族高氏和国氏，由田氏控制了齐的军政大权。齐简公时，田乞的儿子田常与监止任左右相，监止得简公宠信，谋杀田常。在民众支持下，田常以武力取胜。田常（田成子）继续采取小斗进、大斗出的办法，争取民众支持，民间流传着"妪乎采芑，归乎田成子"的歌谣，说明了齐国民心向着田氏。周敬王三十九年（前481），田成子将出逃的齐简公和监止捉回杀死，将鲍氏、晏氏以及有势力的公族一一诛除。周安王十一年（前391），田成子曾孙田和将齐康公迁于海上，使食一城，以奉其祀，田和遂有齐国。周安王十五年（前387），田和与魏武侯、楚人、卫人会

战国铁胄。甲胄是疆场自我保障手段之一。在冷兵器时代，甲胄的作用明显。甲胄的制造与使用，与生产、战争艺术的发展有密切关系。

于浊泽（今河南白沙水库东），求为诸侯，魏武侯派使臣言于周安王和诸侯，转达田和的请求，周安王许之。第二年，田和正式立为齐侯，列于周室并改元。

齐侯太公田和死后，其子午继位为齐桓公。周安王二十三年（前381），齐康公贷死，姜齐亡，其奉邑皆入于田氏，至此，田氏代齐才算最终彻底完成。

秦献公改革秦政

周安王十五年（前387），秦惠公卒，子出子即位。出子年幼，秦国政权实际上掌握于其母亲小主夫人和宦官之手，政治黑暗，秦国内部开始骚动。此时，出奔在魏的公子连（师隰），想重新返回秦国，夺取政权，国内反对小主夫人的新兴势力也期待他回国。他几经周折，从焉氏塞（即乌氏塞，今宁夏固原东南）入境，在秦庶长菌改策划下，将他接回秦国。小主夫人闻讯，发兵讨伐。但秦国军民反对秦出子母子，在进军途中，吏卒倒戈转而拥护公子连。公子连在军队拥护下回到秦都城雍（今陕西凤翔西南）。小主夫人见众叛亲离，在一片绝望声中自杀，秦出子也被杀，公子连取得君位，是为秦献公。

秦献公即位之初就命令废止已相沿数百年之久的人殉制度。周烈王元年（前375），秦献公将秦国人户按5家为一伍的单位编制起来，称为"户籍相伍"。这一制度与宗族制不同，大大削弱了人与人的宗法依附关系，促进了生产发展。秦虽非首先实行户籍制度，但秦的户籍制却最严格、最规范，今天我们的户籍制就是这一制度的延续。

秦献公即位后的第二年，命令修筑栎阳（今陕西富平东南）城，并迁都于此。栎阳距魏很近，因为此时河西地区尚为魏所拥有。秦献公迁都于栎阳，主要是从军事需要考虑的，并反映了恢复河西地区的决心。另外栎阳"东通三晋，亦多大贾"，是商业贸易繁盛，往来要冲之地。献公迁都于此，显然对于秦国摆脱闭塞状态是有利的。秦献公还集中推广县制。秦国早在春秋时期就在边远地区设置带有军事性质的县，战国初期又不断增置，如周定王十三年（前

456）设频阳县（今陕西富平东北）、周安王十三年（前389）在陕（今河南三门峡西）设县。秦献公使县制更为普及，周安王二十三年（前379），秦献公把蒲、蓝田、善明氏等改建为县，周烈王二年（前374），秦献公又在栎阳设县。郡县制后来成为我国地方行政制度的核心。

由于秦献公采取了一系列的措施，所以秦的国力上升，使秦国在同三晋的斗争中由败转胜。周显王三年（前366），秦国出兵向韩魏联军进攻，大败韩魏联军于洛阳，取得首次重大胜利。可以说秦献公是秦国发展史上一位有贡献的杰出人物。

中山复国·徙都灵寿

周威烈王十八年（前408）中山武公统治时期，中山国政治腐败，魏文侯乘机命大将乐羊率军越过赵国攻灭中山。魏文侯派太子击驻守中山，并曾一度命李悝治理中山国事。后来，太子击返魏，魏又以其弟挚为中山君。在这个时期，中山国地区的居民安居乐业，经过魏国的治理，中山和中原各国加强了交往，促进了当地经济与文化的发展。

中山国虽被魏灭，但中山君尚不绝祀。魏与中山相隔甚远，中有赵国相隔，不能有力地控制中山。周安王二十二年（前380），乘魏与诸国混战不已，无暇控制的机会，中山复国。在战国初期，中山本建都于顾（今河北定县），复国之后，中山桓公徙都于灵寿（今河北平山）。

中山国蟠虺纹筒形器

1970 年，考古工作者在平山县三汲一带发现一座古城遗址，从已发现的城墙遗迹看，这座古城南北长约 4000 公尺，东西宽约 2000 公尺以上，城内发现有战国时期居住遗址和制作青铜器、铁器、骨器、陶器等的半工业作坊遗址。这座古城就是中山复国后的都邑灵寿。

蜀伐楚

战国"牢阳司寇"铜印。印章始于殷商。至战国秦汉时期大量出现。印章有阴文和阳文之分。一个印章便是一块小雕版，一个字的印章就是一个活字。我国印刷术的发明就是在印章的基础上发展起来。

周安王二十五年（前 377）蜀伐楚，取兹方，楚筑扞关以拒之。

蜀国位于今四川西部和陕西西南部，国势在战国初期蒸蒸日上。周定王十八年（前 451），秦国为了防蜀，派左庶长在南郑筑城。周安王十五年（前 387）蜀攻取南郑。本年，蜀又出兵伐楚，攻取兹才（今湖北松滋）。为了防御蜀国的攻击，楚修建扞关（今湖北宜昌西）而采取固守的政策。秦楚都是战国前期的大国，蜀国敢于北向伐秦，与秦争夺南郑，又敢于东向攻楚，迫使楚采取守势，其国力应当是颇为强盛的。

蜀国的构成基本上是西南少数民族，大量接受中原文化，在春秋战国时代与中原的交流和攻战渐多，最终被纳入中原。

齐威王治齐

齐威王（？～前343），名因齐，齐桓公之子，继桓公立，治理齐国三十六年，保持其在"战国七雄"中的领先地位。

齐国地处今山东北部和河北东南一带，都城在临淄。太公和是第一代齐侯，太公和之孙齐桓公在临淄的稷下置学官，"设大夫之号"，招聚天下贤士。前379年，桓公卒，齐威王即位。

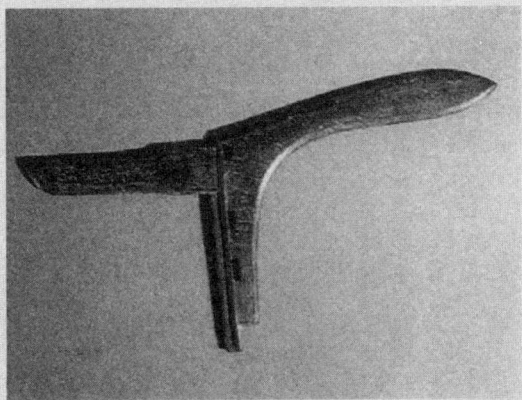

战国中期陈侯因咨戈。陈侯因咨即齐威王因齐，传世器物甚少。

齐威王初即位，无所事事，不理朝政，让卿大夫恣意妄为，把国家搞得一塌糊涂，田野荒芜，人民贫困，引起国人的强烈不满，到处发生骚乱，而且九年之内，齐国周边的各路诸侯相继举兵伐齐，齐国国势日渐衰弱。周烈王六年（前370），威王猛醒，经明察暗访，洞悉官府吏治弊端，采取强硬措施，严惩贪官污吏，招纳天下贤才，如良吏即墨大夫万家，杀贪官阿大夫及其周围溜须拍马的庸流之辈，任用邹忌、段干明、田臣思、檀子、田盼、黔夫、种首、田忌等治国将才为朝中大臣。前353年，齐国发兵围魏救赵，大败魏军于桂陵，使赵国摆脱困境，齐国国势蒸蒸日上。前341年，齐国又在马陵击溃魏军，魏惠王求和，赵国归还齐国长城。此后各诸侯慑于齐国的威力，二十多年不敢轻举妄动。

齐威王派檀子率军镇守南城，楚人不敢为寇，派田盼守高唐，赵人不敢东渔于河；派黔夫驻徐州；燕、赵惧其勇武，徙而从之者七千多家，命种首惩治盗贼，则道不拾遗，夜不闭户，国内社会秩序稳定，人民安居乐业。

齐威王励精图治，把齐国治理得井井有条，人人尽心尽力，地方官吏兢兢业业，不敢再弄虚作假，使齐国的势力达到顶峰，到威王末年，"齐最强于诸侯"。为其争雄斗争中建立了一个巩固的阵地。

秦孝公发奋强秦

战国中期鸟盖瓠壶。容酒器。器呈瓠形，侧颈，鼓腹，圈足。盖作立体鹩鸟形，鸟啄有环扣，鸟盖尾部有环，上系蛇形自绕链条。腹部有八棱形把手。盖及腹皆饰珠点纹。陕西绥德出土。

秦国经秦献公改革，到秦孝公继位时（前361），面貌已大为改观，但仍与秦穆公时代的盛况相比。这时，齐、楚、魏、燕、韩、赵六国并强，秦国处于僻远的雍州之地，一般不参与中原诸侯会盟，中原诸国视秦如同夷狄。对此，秦孝公深以为耻，决心发奋图强，"修德行武，东平晋乱，以河为界，西霸戎翟，广地千里，天子致伯，诸侯逾华贺。"孝公又明令求贤才，能出奇计强秦者，将予之高官，分以土地。同时，施惠百姓，赈济孤寡，招募战士，明功奖赏。秦孝公求贤若渴的诚意逐渐影响四方，四方人士开始入秦为变法奠定了基础。

魏、韩、赵调整国境

魏的国都原在安邑（今山西夏县西北禹王村），位于河东，四面被秦、赵、韩三国所围，只有上党区有一线地魏地交往。赵、韩可以联合攻魏，切断上党的交通线，同时，秦又虎视眈眈，魏国都的形势岌岌可危。周显王八年（前361）四月，魏迁都大梁（今河南开封），因此魏又称为梁，与此同时，魏与赵、韩两国通过一系列相互交换的办法调整疆域，使自己在中原的疆土连成了一片，对国家发展形成了有利的地理形势。

商鞅变法

商鞅深得孝公赏识。于周显王十年（前359），说秦孝公变法。孝公赞成，但恐天下非议。商鞅认为疑则无功，有高行者必见非于世，成大功者不谋于众。甘龙、杜挚以为法古无过，循礼无邪，变法不便。商鞅反驳道：治理社会的方法很多，只要于国家有利，不一定效法古人。所以汤、武不泥古而称王，夏、殷固步自封而灭亡，违背古者无可厚非，而拘泥古者不能太多。孝公深服，遂于周显王十三年任命商鞅为左庶长，开始进行变法。

商鞅针对过去贵族"有罪可以得免，无功可以得尊显"的旧制，规定国君的亲属（宗室）无军功者不得列入宗室属籍，从而废除了世卿世禄制度。凡人民立军功者，均按功劳大小赏赐封爵。凡在战争中杀敌甲士一人、并取得其首级者，赐爵一级、田一顷、宅九亩；得一甲首者，若为官者可当五十石俸禄之官，得二甲首者可为百石之官；斩敌一甲首者，可以使一人（或一家）

为自己的农奴，除庶子一人。得敌五甲首者，可以使用奴隶五家。商鞅对秦的爵制也进行了改革，重新规定秦爵为二十级，凡在战争中斩得敌首一个，即可赏爵一级，要做官的可以赐给五十石俸禄的官。斩得敌首两个以上者可以类推。于是，提升官爵就和立军功紧密结合，无军功者，虽富也不能尊荣。商鞅还在秦国进一步实行户籍制和连坐法。早在秦献公时，秦国就用军事组织形式将人民编制起来，并登记在户籍上。但这个制度贯彻得不彻底，又因旧贵族反对而遭到破坏。商鞅公布的"令民为什伍"的法令比秦献公时更为严密，规定：凡境内居民，无论男女老少都要进行户籍登记，以五家为"伍"，十家为"什"，"伍"、"什"之间要互相监督，如果其中一家犯法，邻家不去官府告发，则十家同罪连坐；不检举告发奸人的，处以腰斩；告发者可与斩得敌首者同样奖赏；如果隐匿坏人而不去告发，那么就要受到同"奸人"一样的处罚；留宿客舍者均须有官府的凭证，如果旅店收留没有官府凭证的人住宿，店主当与客人同罪连坐。商鞅还主张对轻罪用重刑，认为这样可以迫使人民连轻罪也不敢犯，这叫"以刑去刑"。他还采用了很多残酷的刑罚，如死刑除腰斩、枭首、车裂等外，又增加了凿颠、抽肋、镬烹等刑罚。秦国地广人稀，荒地较多。为促进农业生产的发展，商鞅还规定了奖励耕织、垦荒的法令，规定：凡努力从事农业生产，能使粮食和布帛增加产量者，可以免除本人的劳役和赋税；凡不安心务农而从事工商业或游手好闲而贫穷者，要全家没入官府罚做官奴。此外，商鞅还招引韩、赵、魏的无地农民到秦国来垦荒，分给他们土地和住宅，免除其兵役和三世的

商鞅方升铭文。升的底部刻有秦始皇二十六年统一全国度量的诏书四十字。从方升铭文记载可知此为商鞅统一秦国度量所规定的一升容积的标准量具，说明秦始皇是以商鞅之制作为统一全国度量制度的标准。

劳役。使之安心务农，为秦国生产粮食。商鞅还鼓励个体小农经济的发展，规定凡一家有两个儿子以上者，儿子到了成年人年龄时必须分家，各自独立门户，否则要出双倍的赋税。为了顺利推行变法，打击儒家等复古思想，他断然采取"燔《诗》、《书》而明法令"的措施，把《诗》、《书》等文献焚毁。同时下令禁止私门请托，禁止游说求官的行动。

此法初行，秦民苦不堪言。三年后，百姓感觉生活方便。行十年，秦民大悦，道不拾遗，山无盗贼，家给人足，人民勇于公战，怯于私斗，乡邑大治，孝公十二年（前350），在咸阳（在今陕西咸阳市东北）筑冀阙，徙都咸阳。商鞅革除游牧民族遗风，严禁民父子兄弟同室而居，归并小乡邑为四十一县，置令、丞，废井田，开阡陌疆界，定赋税法。统一斗、桶、权、衡、丈、尺规格。五年后，变法见效秦富强，天子致胙，诸侯来贺商鞅变法，为秦国最终统一六国奠定了基础。

邹忌为齐相

齐威王即位之初任用邹忌改革，整顿齐国。邹忌以擅长鼓琴而得见齐威王，邹忌见了齐威王后，调好弦，做出要弹琴的样子，但两手却搁在弦上不弹。

战国飞凤花卉纹绣。绣地为浅黄色绢。先绘墨稿，再绣花纹。针法为锁绣。

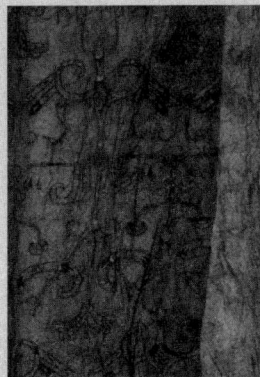

战国蟠龙飞凤纹绣浅黄绢面衾

齐威王颇觉奇怪，问他为何不弹，邹忌称自己不但会弹琴，还知道弹琴的理论。于是从伏牺氏作琴说起，一直讲到文王、武王各加一弦，用鼓琴的节奏来说明"治国家而弭（安定）人民"的道理。他认为君主好比琴上的大弦，弹起来"浊以春温"；丞相好比琴上的小弦，弹起来"廉折以清"；政令好比指法，弹起来"攫之深而舍之愉"。弹琴要"大小相益"，"复而不乱"，这样琴音就协调好听。治国和弹琴有同样的道理。齐威王听后有所领悟，便留下邹忌，与他谈论国家大事。邹忌认为，要治理好国家、安定人民，关键在于君相掌握政令时要像四时的运转一样调理均匀。齐威王很赏识他的见解，于周显王十二年（前357）他们相见三个月后授给他相印，并加紧整顿朝政，进行政治改革。经过变法改革，齐国逐渐强大起来。

孙膑围魏救赵

战国镶嵌云纹承弓器

孙膑是孙武后代，生于阿（今山东阳谷东北）、鄄（今山东鄄城北）之间，曾与庞涓一起学习兵法。庞涓当上魏王的将军，但觉得自己才不如孙膑，害怕孙膑取而代之，便设计陷害孙膑。他召来孙膑，砍掉孙膑的膝盖骨，并在他脸上刺字。齐国使者至魏，孙膑以罪人之身秘密与他相见，向他进行游说。齐国使者视之为奇人，将他偷偷载到齐国。齐国将领田忌待之如宾客，孙膑亦倍感其知遇之恩。

田忌曾多次与齐国诸公子赌赛马，胜负参半。孙膑见他们的马足力相去不远，而分为上、中、下三等进行竞赛，便鼓动田忌下大注，并授之以制胜之道，用下等马对他们的上等马，用上等马对他们的中等马，用中等马对他们的下等马，比赛结果，田忌一负两胜，获齐王千金之赏。田忌叹服孙膑的才华，向齐威王举荐，齐威王尊之为师。

孙膑任职后，积极出谋划策，很快就为齐国夺取了"围魏救赵"之战的胜利。赵国为兼并土地和扩张势力，曾进攻卫国，迫使其入朝。卫国原来朝于魏，现在改朝赵，魏国当然不甘坐视，遂起兵伐赵，率宋、卫联军包围赵都邯郸。齐威王四年、魏惠王十七年、赵成侯二十二年（前353），赵国向齐求救，齐国以田忌为将、孙膑为军师，率兵驰援。孙膑认为，魏国攻赵，精锐之师一定都在前线，内部必然空虚，如果率兵直捣大梁（今河南开封西北），迫使魏将庞涓回救本国，再在庞涓回兵必经途中，选择有利地形设伏，猝然出击，便可以"一举解赵之围而收弊于魏"。田忌采纳了孙膑的计谋。其时魏将庞涓领兵八万，到达茬丘（今地不详），将围攻邯郸。田忌也带八万齐军，按照孙膑之计，向南进攻处于宋卫之间的战略要地平陵（今山东邹县。一说在今河南睢县），并准备直趋大梁城郊，迫使庞涓回师自救。齐国进攻平陵的两个都大夫的军队在途中大败。孙膑派轻快战车向西直趋大梁城郊，使魏军感到震怒。孙膑又将自己的军队分散，给敌人以兵力单薄的感觉，诱使庞涓怒而轻敌，放弃辎重，用急行军兼程赶来。庞涓率军到达桂陵（今河南长垣县西北）时，孙膑率兵出其不意地袭击魏军取得大胜，并活捉庞涓。此役孙膑采用避实击虚、"攻其所必救"之法，"围魏救赵"，大破魏军，成为著名战例。

商鞅再度变法

商鞅第一次主持秦变法取得成功并立下显赫战功，周显王十七年（前352）秦任命商鞅为大良造，地位相当于中原各国的相国兼将军。为了进一步巩固秦国的变法成果，加强中央集权，商鞅于周显王十九年（前350）再次变法。

"开阡陌封疆"，废除井田制。"开"即开拓；"阡陌"指亩上小田界；"封疆"是顷田上的大田界，合称为"封"。具体地讲，"开阡陌封疆"就是把标志土地国有的阡陌封疆去掉，废除土地国有。早在秦秋晚期，晋国六卿中的赵氏，就已废除井田制，商鞅变法吸收赵氏改革的经验，并加以发展，在秦国境内正式废除井田制，确认地主和自耕农的土地所有制，在法律上公开允许土地买卖，并扩大政府拥有土地的授田制度，便利地主经济的发展，增加地主政权的地税收入。

普遍推行县制。商鞅第二次变法以前，县一级的行政机构在秦国某些地区就已存在。商鞅变法将这一行政机构推行于全国，将原有的乡、邑、聚等地方组织合并为县，使之成为秦国地方政权的基本组织形式。最初设置的县有三十多个，其后，随着国土的扩张，又有所增加。每县设县令和县丞，县令是全县最高行政长官，县丞是县令的助手。此外还设县尉，掌管全县军事。县制的普遍推行，把地方政权和兵权集中到中央，加强了中央集权的封建统治。各县的政治制度形态相同，人人都要遵从，奸邪的官吏不敢玩弄花样，接替的官吏不敢更改制度，被罢黜的官吏就不敢掩盖其错误，农民专心垦殖耕作，使秦国立于不败之地。

统一度量衡制度。此前，各地度量衡不一，不便于人们的贸易往来，统一斗、桶、权、衡、丈、尺等度量衡后，地区间的商业往来十分便利，并对赋税制和俸禄制的统一产生了积极作用。

开始按户、按人口征收军赋。这一制度的推行，为秦国强大的军事力量提供了保障。

革除残留的戎狄风俗。商鞅下令革除戎狄风俗，禁止父子兄弟同室居住。秦国西南和西北都是少数民族居住区，秦在统一少数部族地区的同时，也受到戎狄风俗的影响。为了加强秦王朝的封建统治，商鞅按照中原民族的风尚、习俗改革秦的社会风俗。

迁都咸阳。秦国原来的国都栎阳位于关中平原的中部，对魏作战比较有利，而今河西地区已被秦收复，斗争的中心由河西地区转移向函谷关以东，如仍都栎阳，则以向东发展。咸阳南临渭河，北依高原，地处秦岭怀抱，既便于往来，又便于取南山之产物。如浮渭而下则可直入黄河，终南山与渭河之间就是通往函谷关的大道，水陆交通十分便利，可谓"据下之上游，制天下之命者"。所以，秦徙都咸阳，不论在经济上还是从战略上，都具有重大意义。咸阳城规模宏大，城内建筑有南门、北门、西门，由商鞅监修的咸阳宫在城内，是由众多的宫殿连接而成的宫殿群，豪华瑰丽。

这次变法同样获得了巨大成功，秦的国力在变法之后继续上升，为秦统一六国创造了条件。

商鞅诱捕魏公子卬

马陵之战后，秦大良造商鞅分析了天下大势，认为由于魏国一度强大，攻占原属秦国的河西地区，秦国已失去黄河天险，直接受到魏国威胁，难以向中原地区发展，因此魏国是秦国心腹之患，秦国要图强称雄，必先伐魏。如今魏国刚遭马陵之败，国力受损，诸侯反叛，这正是秦国收复失地、削弱魏国、谋求向中原扩展的有利时机。于是，商鞅劝说秦孝公伐魏，以便倚据黄河、崤山之险，向东扩张，成就帝王之业。秦孝公采纳其说。周显王二十九年（前340），秦孝公派商鞅率兵伐魏。魏国使公子卬将兵迎战。商鞅早年仕魏，与公子卬友善，因此决定利用这一关系，设计诱擒公子卬，以破魏军。他致书公子卬说："我与你原来交好，如今领兵对敌，不忍相攻，愿与你相见会盟，畅饮而罢兵，以安秦、魏之民。"公子卬认为可行，便前往赴会。商鞅事先埋伏了甲士，会

战国金链舞女玉佩。以金链贯玉舞女及璜、管、冲牙等组成佩饰。舞女二人并立，左右对称。是战国玉饰中最精美的代表性作品。

盟饮酒时，使伏兵袭击，俘获公子卬。秦军随即发起攻击，大破魏军。魏国在与齐、秦的两次交战中，俱遭惨败，国力空虚，魏惠王极为恐惧，派使者献部分河西地，与秦媾和。

商鞅大败魏军，战功显赫，被秦孝公封于邬，后改名为商（今陕西商县商洛镇）。商鞅原叫卫鞅，号商君，其后又称商鞅。

魏惠王称夏王

周显王十三年（前356），鲁、宋、卫、韩等国朝魏。周显王十八年（前351），魏归还邯郸给赵，并迫赵与自己结盟，强迫泗上诸国朝令，全力西向以拒秦，魏国慢慢强大。

周显王二十五年（前344），魏国试图以朝见周天子为名，邀集宋、卫、邹、鲁等小国会盟，并联合攻秦。在秦国，商鞅认为秦的国力尚难与之相抗，建议秦孝公尊魏为王，以此麻痹对方。秦孝公接受了商鞅的建议，并派他去游说，说服魏惠王除号令宋、卫、邹、鲁等小国以外，北面要争取燕国，西面要争取秦国。商鞅利用魏君一心想称王的心理，劝他不如先行王服，然后图齐、楚。魏惠王果然中了商鞅的缓兵之计，取消了进攻秦国的计划，去做称王的准备。他"广公宫，制丹衣，旌建九斿，从七星之旐"，"乘夏车，称夏王"，俨然以天子自居。不久，魏惠王约集宋、卫、邹、鲁等小国到逢泽（今河南开封市南）会盟，秦国也派公子少官前往参加。会上，魏惠王自称为"王"。会后他带领其他国君去朝见周天子。

齐魏马陵之战

周显王二十七年（前342），韩魏长期交战，双方均已精疲力尽。齐威王决定以田忌、田婴为将，孙膑为军师，起兵伐魏救韩。魏惠王则派太子申、庞涓为将，率领十万大军前来迎战，孙膑调虎离山，直向魏都大梁进军。魏国主将庞涓闻讯后，立即把军队从韩国撤回，此时齐军已进入魏国国境。孙膑认为魏国军队一向强悍勇敢，轻视齐国，他建议田忌利用敌人的骄傲，采用减灶之计，诱敌上当。田忌赞同孙膑的分析，并决定采用他的策略，与魏决一死战。庞涓率军撤回魏国，并加速追赶齐军。当追到齐军第一天扎营之地时，发现齐军营寨占地很大，从齐军做饭的炉灶数推测，齐军人数约有十万左右。当追到齐军第二天扎营之地时，发现营地已缩小，炉灶也减少，推算齐军已由十万减少至五万人左右。当他追到齐军第三天扎营之地时，发现营地更加缩小，炉灶也大为减少，估计此时齐军只剩三万人左右。庞涓大为高兴，断言齐军胆小，不敢战斗，进入魏境不过三天，士兵就已减少一半以上。于是他舍弃一部分军队，亲自率领精锐之师加紧追击。魏军日夜兼程，一直追到马陵（今山东范县西北）。此地两旁地势险要，中间道路狭窄。孙膑在此早已设伏。庞涓率军进入马陵道时，正值傍晚时分，他隐隐约约看见路旁大树之下有一木牌，便命士兵点燃火把，只见木牌上面写着"庞涓死于此树之下"，他大惊，知道中孙膑之计，连忙率军撤退。但埋伏在两旁的齐军已万箭齐发。魏军猝不及防，人慌马乱，顿时被齐军击散。庞涓见寡不敌众，失败已成定局，拔剑自刎。齐军乘胜追击，将魏军彻底打垮，并俘虏魏太子申，魏军遭到前所未有的惨败。

马陵之战是中国军事史上杰出战役之一，是孙膑兵法中的代表作。

战国正名之风兴起

《庄子·天下》记录的宋研、尹文是最早的正形名的人物。他们都认为名为物形的反映，这是最早的有关概念的内涵、外延、名称的划分。他们的以形为物之概念的内涵的观点具有很重要的意义。他们的正形名的要求本身是一个逻辑进步，但直接起源于对诡辩的反对，因而宋研强调正名的法则。在他们中，尹文由本体论（道）说了形的产生。但更重要的是，对于抽象概念（无形的名）他提出了"寻名以检其差"，也就是取其外延的形的公分母的方法。他把名（概念）分为三科（体词与谓词的不正确分类），他分谓词为名（体）与分（谓，相当于形，内涵），指出了二者的分离。

彭蒙、慎列、申不害、尸佼等人对正名的方法及其本体论来源有很多议论，现在保留的不多，但可以看出他们走向形而上学化和琐碎化。相反，留传下来的是以诡辩吸引人的惠施和公孙龙的东西。

正名思想在战国的兴盛与儒、道两家有关，孔子、孟子的正名论是一种政治和伦理工具，老子从其本体论出发要去辩正名，庄子从其相对主义认为辩不如不辩，法家也从法制角度强调了正名。

在正名（其实是正实）中采取什么原则，各家所用不同，儒法也以具体正名为主而少理论。

实际上，惠施的"合同异"已不止是诡辩，而是概念的任意过渡，但在他的具体论述中可以发现，他在名、实、物、种、属几种不同的东西之间转换，虽然把它们都作为实物是错的，但至少说明他已对它们有较熟练的掌握。

战国时代以正名为主导的对于名与实、形与物、种与属（当然在战国它们叫不同的名字）的研究达到了相当高的水平，并且与本体论和政治功用联系了起来。

赵国修筑长城

赵肃侯是一位热心于营造的国君，他在位的中期即修建寿陵。前333年，他在位第17年，赵军围攻魏的黄（今河南内黄西北邑），不克，遂在今漳水、滏水（今滏阳河）之间修筑长城，据推测，赵肃侯可能是利用漳水、滏水的堤防连接扩建而修筑长城的。从当时列国形势来看，赵国的这条长城大体上是从今河北武安西南起，东南行，

赵国长城遗迹

沿着漳水到今磁县西南，再折而走向东北，沿着漳水到达今肥乡以南的地区。这条长城称为赵国的南长城。此后，在赵武灵王时期，为了防备东胡、匈奴、林胡、楼烦等的侵扰，赵国还修筑有北长城。这些长城的修筑对于赵国的巩固产生了积极作用，并且成为后来北方长城的主干。

燕国长城遗迹

秦惠文王威逼六国

秦惠文王杀商鞅，但并没有废除其法律，并继续执行改革，使秦国国力进一步发展，成为比六国更大的一股势力。前337年，秦惠文王即位，楚、韩、赵、蜀等国派使者入秦，朝见新即位的惠文君。次年，周天子派人前来祝贺，其后又派人送来祭祀周文王、武王的胙肉。诸侯及周天子朝贺秦国新即位之君，表明秦国已摆脱被视作夷狄，不得与中原诸侯会盟的卑下地位，以自身的强大，跻身于战国七雄之列，得到与中原诸侯相同的礼遇。

此后，秦惠文王致力扩张秦国的势力和扩大秦国的版图。前335年，秦国伐韩，攻占宜阳（今河南宜阳西）。前333年，秦惠文王任用魏阴晋人公孙衍为大良造，图谋对魏国用兵。两年后（前331），义渠发生内乱，秦派庶长操带兵前往平定。内乱后，义渠势力转弱。秦国借平定义渠内乱之机，进驻军队，逐渐取得对义渠的控制，使后方得以安定，随后开始对魏国的大规模进攻。前330年，秦国分南北两路向魏国大举进攻，北路由大良造公孙衍统率，直攻魏国雕阴（今陕西甘泉南），击败有四万五千人之众的魏军，俘获主将龙贾，攻克雕阴。南路则包围曲沃（今河南三门峡市西南）、焦（今三门峡市西）。魏国迫于军事压力，献河西之地向秦国求和。秦不仅未减缓攻势，反而于次年乘势渡过黄河，攻占魏国的汾阴（今山西万荣西南）、皮氏（今山西河津西）；曲沃和焦也被攻克。秦惠文王威势更直逼六国。

齐魏会徐州相王·楚齐徐州之战

　　齐魏徐州相王是继夏王之后又一宗自居列强之上称王的事件，战国时代合列的潮流越来越明显。

　　前334年，魏国因在齐、秦等国接连进攻下遭到失败，迫于当时形势，采取与齐国会盟修好的策略，但并未由此忘记与齐的宿怨，时刻思报马陵之仇。魏惠王任用惠施为相后，曾表示至死不忘与齐国的怨仇，并准备发全国之兵攻齐。惠施认为，在国家新败、缺乏守战之备之时，发兵攻齐并非良策。他建议魏惠王换下王的服饰，前去朝见齐君，尊齐君为王，以激怒楚王，挑动楚与齐交战，楚若打败齐，也就是替魏国报了仇。魏惠王采纳其建议，派人通过齐相田婴表示，魏愿称臣并朝见齐君。齐臣张丑认为，接受魏国称臣、朝见，会引起秦、楚嫉妒，而楚王又好用兵，并追求声名，必将给齐国带来祸患。田婴不听张丑劝说，答应了魏国的请求。魏惠王遂带领韩国和其他小国国君，到齐的徐州（今山东滕县东南）朝见齐君，尊其为王，遂称齐威王；齐威王也承认魏惠王王号，史称"会徐州相王"。齐、魏自居于诸侯之上的做法，引起别国不满，导致了次年赵伐魏、楚伐齐的战争。

　　前333年，楚威王亲率大军攻齐，包围齐国的徐州，与楚国交好的鲁国也发兵助攻。对此，齐威王很忧虑，他采纳张丐的建议，派他劝说鲁国退兵，同时加紧与魏国的联系，争取救援。张丐抓住小国无力与大国单独对抗的弱点劝说鲁君，与其在交战前站在某一方，去冒胜负得失难料的风险，不如等两大国交战后再随强击弱。鲁君认为他说得有道理，便率师退走。而魏国为报仇，明里让董庆作人质，与齐国相约共同击楚，暗中则派使者到楚，表示站在楚国一方。齐威王见鲁师已退，魏人又表示相助攻楚，便派申缚带兵与楚交战，但魏国并未如约出兵，齐国大败。齐相田婴对魏国违约十分愤怒，想杀死作人质的董庆。有人劝田婴，楚国大败齐军，而未深入进攻，就是怕魏国从后方夹击；如果杀死董庆，等于告诉楚国：魏国不会来救助齐国，魏国则会因人质被杀而大怒，转而与楚国联合，那样齐国就危险了。因此，不如继续与魏国保持友善关系，使楚国生疑而不敢深入进攻。田婴听从其劝说。楚威王虽然未再继续进攻，但对助成齐、魏相王的田婴十分恼恨，必欲将他驱逐出齐国。齐臣张丑闻讯后，前去见楚威王，给他分析了驱逐田婴的利害关系：田婴被逐后，就会让有作为的田蚡继任齐相，田蚡必然要重整士卒与楚交战。楚威王听后，打消了驱逐田婴的念头，班师回国。

张仪相秦·展开连横策略

周显王四十一年（前328），张仪相秦，开始推行其"连横"策略。

张仪本是魏国人。最初，他事奉鬼谷先生，学习纵横之术。后来游说于

战国金冠带

各诸侯国之间。入秦之后，秦惠文王擢用张仪为相。张仪采取联合韩、魏的"连横"策略，迫使韩、魏两国太子入秦朝见。秦派公子桑率军攻取魏蒲阳（今山西隰县），然后，张仪又请求秦惠王将蒲阳交还魏国，还使公太繇为"质子"到魏国。采取这些拉拢手段之后，张仪亲赴魏国，去劝说魏惠王议清利弊，不可对秦无礼，示意魏惠王献上郡之地作为回报。

秦惠文王又派人去楚国劝说楚怀王与秦国联合，迫使魏国献上郡给秦，如此，既可有德于秦，又可削弱敌国魏的力量。楚怀王听从秦使者的说辞，宣扬已与秦联合，魏国闻讯十分惊恐。魏终于把上郡15县，包括少梁

战国鹰形冠饰

等地一起献给秦国，并与秦修好言和。秦把少梁更名为夏阳。一年后，秦将以前所攻取的焦（今河南三门峡西）和曲沃（今河南三门峡西南）两地归还魏国。

张仪的"连横"活动获得很大成功，在他主持下，秦对韩、魏采取又拉又打的策略，迫使这些国家就范，力图事奉秦国以求相安无事。张仪还曾率军向东侵伐，使秦完全占有了河西、上郡等地，并在河东占有土地，掌握了黄河，使秦国声威大振。

楚声兴起

西周时期，王室有很高的权威。周平王东迁，王室权势一蹶不振。在这种政治形势下，西周初立的以社会等级制度为核心的礼乐制度，到春秋时期就每况愈下了。例如，《雍》是歌颂周文王的。按礼乐制度的规定，它只能用于王室祭祀家庙撤除祭品的时候。而鲁国当政的仲孙、叔孙、季孙三家大夫，居然也用它来结束祭祀。这一时期，礼崩乐坏表现在僭越和瓦解两个方面。鲁国执掌礼乐的专职乐师，风流云散，各奔前程。

雅乐衰颓的原因，从社会的角度来分析，是由于诸侯雄强称霸，对效忠王室的伦常观念早已弃置不顾，礼乐制度随之崩溃，从音乐艺术本身来分析，雅乐的程式化僵化，则是它必然衰颓的内在因素。随着春秋时期文化下移趋势的发展，民间新乐应运而兴，雅乐便伴随着周王室的衰微日趋没落了。

新乐之兴起，是中国先秦音乐文化的重要现象，是春秋时期在文化巨大变动中音乐文化领域里发生的重大转折。"新乐"，是相对于"古乐"而言；有时又称为"世俗之乐"，是相对于"雅

战国时期楚国虎座鸟架悬鼓。下部两虎相背伏卧，大小动态相同，其上两鸟翘首张喙，分立于虎背之上。鸟尾以榫卯相连，鼓框上有三个铜环缚丝带，并分别系于两鸟的冠、尾连结处，使鼓悬挂于两鸟之间。虎座大而平，鸟架置于虎座之上，给人以平稳之感。

乐"、"先王之乐"而言。而最早的称呼则是"新声"。新乐是在众多诸侯国的民间兴起的一种生气勃勃的音乐，范围十分广阔，是一种真性流露，热情奔放，相当华丽，激越动人的民间音乐。

楚声，是战国时期楚地的音乐，也泛指长江中游、汉水一带以至徐、淮间的音乐。亦称"楚调"或"南音"。战国时期是楚声的极盛时代，诗人屈原的《九歌》及其他楚辞作品，多依据楚国民间乐舞歌唱形式而作。《九歌》的词句中曾对盛极一时的楚声表演情况与乐器等多有描述。楚国流行歌曲《下里巴人》、《阳阿》、《薤露》等，是"国中属而和者数千人"。楚声的音乐形式，反映在楚词中有"少歌"、"倡"等歌曲结构用语，大约是插入歌曲中间部分的小段或单句。楚声调式结构，有相和五调中的"楚调"之说。

孟轲见魏惠王

魏惠王晚年，魏屡战屡败，马陵之战损失尤为惨重；后又被秦国侵夺大片领土，国力衰弱。魏惠王自觉愧对祖先，想扭转颓势，遂下令广招贤者。孟轲闻讯前往。

魏惠王询问孟轲如何使魏国得利，孟子说如果国君只考虑如何对国家有利，大夫只考虑如何对家族有利，士人百姓只考虑如何对自己有利，从上到下交相争利，那么国家就危险了。他建议魏惠王不要带头讲"利"，只要追求仁义就行了。臣民有了仁，就不会把亲长忘到一边，有了义，就不会不为国君尽心尽力。他还用古代贤君仅凭百里之地便取得天下为例，劝说魏惠王不要因国家受挫而丧失信心。他还建议，推行"仁政"，首先要"制民之产"，使每家每户有百亩之田、五亩之宅，过上丰衣足食的生活；在此基础上，加强学校教育，宣扬孝悌之道，就可以逐步实现"王天下"的理想。孟轲主张通过实行"王道"和"仁政"来完成统一事业，但他的学说未被采用。

孟轲游说齐魏

周慎靓王二年（前319），魏惠王死，魏襄王即位。孟轲前去进见。魏襄王问孟轲："如何平定天下？谁能平定天下？"孟轲说："现在的诸侯国君都好征战杀伐，如果有一个国君不嗜杀伐，天下的人民就都会归之如流水，无人能阻挡。"他向魏襄王建议：靠行"仁政"平定天下，只有能推行"仁政"、不嗜杀伐的君主才可以平定天下。魏襄王不能理解其言。孟轲由此知魏襄王没有国君的德行，于是离开魏国，前往齐国。

孟轲从魏国来到齐国。齐宣王初即位，正欲图强称霸，成就大业，遂向孟轲请教。孟轲说："只有施惠于民、保安百姓的君主，才能称王于天下。因此，君主应该推行'仁政'，减少刑罚，削减赋税，给百姓足够的田宅，不侵夺农时，使百姓上能供养父母，下能抚养子女；然后施以教化，使百姓知礼仪。这样，天下的良臣、贤士、农夫、商贾及行旅之人都会到大王的国家来，做大王的臣民，谁也无法阻挡大王称王于天下。"齐宣王听后很动心，但又怀疑自己的能力。孟轲说："人人都有善心，作为国君，只要将自己本性中的善加以推广，由爱自己亲人和左右的人，推广到爱天下的人，就可以实现'仁政'了。"齐宣王听后，打算实行"王道"、"仁政"，他

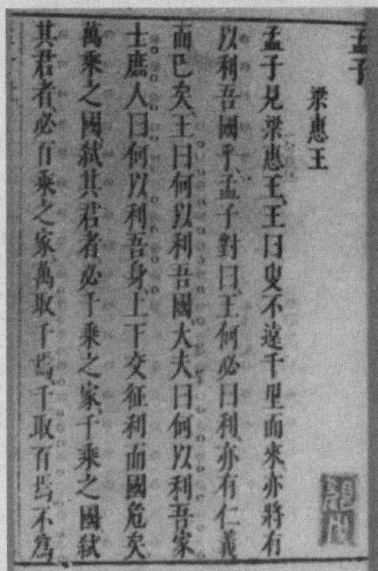

《孟子》书影。孟子是中国思想史上的人物，他的天命论与人性论有同样的结构，并与流水等比附而没有上升为确定概念。在论说中他很善于用比喻；善于用观念的结合。孟子的心、性、智等概念都是当时经常讨论的问题。但他给出了一个心理结构并建立了心的先天论基础，是真正的心理学理论。

135

任用孟轲为客卿，让孟轲随时教诲、辅佐自己。但当时的现实，迫使齐宣王更多地考虑征战杀伐之事，不可能尽按孟轲所言去做。因此，孟轲在齐宣王伐燕之后，便离开齐国，退居于邹（今山东邹县东南），专心著书立说。

五国合纵攻秦

马陵之战中，魏国遭受惨败，其后又被秦国屡屡击败，丧失了黄河以西的大片领土。魏惠王在晚年曾广招贤者，图谋振兴，并在齐、楚、燕、赵、韩等国支持下，任用公孙衍为相国，实行合纵抗秦的策略。周慎靓王二年（前319）冬，魏惠王去世，其子嗣即位，是为魏襄王。

公孙衍是战国时主要纵横家，合纵、连横是当时重要的军事外交活动。他在东方各国支持下任魏国相国，合纵之势便告形成。周慎靓王三年（前318），公孙衍发动魏、赵、韩、燕、楚五国共同攻秦，推举楚怀王为纵约长。秦军迎战于函谷关（在今河南灵宝北），击败五国联军，魏国损失最为惨重，便想与秦国媾和，遂派惠施去楚国说明此意。经过一番周折，楚国顺随魏国之意，向秦国求和。此时，义渠君乘秦国与五国联军交战之机，从后方起兵袭击秦国，大败秦军于李伯（一说即伯阳城，在今甘肃天水东）。秦国受到义渠牵制，不便再与五国联军交战，遂同意媾和。

燕王哙行禅让·燕国动乱

周慎王五年（前316），燕王哙行禅让，让位给燕相子之。

燕相子之曾经改革燕国政治，用事主断，受到燕王哙的信任。鹿毛寿对燕王哙说："不如让国于子之。尧的贤来自让位于许由，而许由不受。有让天下之名而实不失天下，现在让国于子之，子之必不敢受，则王可得尧的贤名。"燕王哙遂将国柄授于子之，使子之权力大大增加。有人又向燕王哙建议，不要像禹那样，名义上传天下于益，实际上由其子启攻益而夺权，要让国就要彻底禅让。于是燕王哙命令地方官凡是三百石以上俸禄的都将印信缴回，再由子之颁发。子之南面行王事，燕王哙反

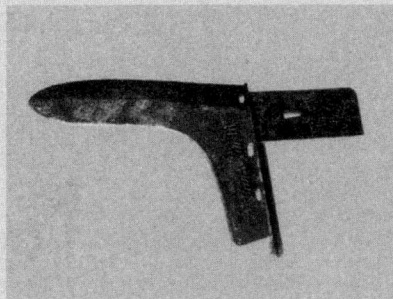

战国左行议率戈。钩击兵器。长方内，中有扁方形穿。内上饰马纹，作垂头腾跃式，尾上翘，身饰云纹。胡部有铭文"左行议率戈"五字。河北易县燕下都遗址出土。

而称臣，告老不理政事。燕王哙实行禅让，这在春秋战国时代是绝无仅有的事情。第二年，燕国发生大乱。将军市被和太子平结党聚众，谋划攻击子之。市被领兵包围子之的公宫，双方相持很久，始终未能攻克。百姓起而反攻太子平，杀死将军市被。这次内乱长达数月之久。周赧王元年（前314），子之终于平息内乱。内乱期间，中山国乘机进攻，攻占方圆数百里的地方和几十座城邑，使燕国遭受很大损失。齐国也乘燕内乱之际攻燕，杀燕王哙，擒子之。周赧王元年（前314），赵送燕公子职入燕为王，是为燕昭王。燕昭王求士，后乐毅、剧辛、苏秦等赴燕，复国。

战国象灯。灯为象形体，背负一灯盏，象鼻上卷竖起。盏口沿平折，浅腹，与象身连铸。河北易县燕下都遗址出土。

张仪破楚齐之盟·秦连败楚

秦国从显王四十六年（前323）开始，以张仪为相，推行张仪的连横策略，联合韩、魏两国结成连横，南方的楚国与东方的齐国也结成盟国，形成两大

对峙集团。楚怀王十六年、齐宣王七年、秦惠文王更元十三年（前312），楚、齐两国出兵攻打秦国，夺取曲沃（今河南三门峡西南）。秦惠文王想讨伐齐国，又担心齐、楚间互相救援，张仪请缨赴楚活动，试图破坏楚、齐联盟。于是，秦惠文王诈称已免去张仪相职，张仪到楚国后，声称愿为楚国效劳，骗取了楚怀王的信任。随后张仪用欺诈之术诱使楚与齐断绝交往，而与秦结成联盟，互相嫁女娶妇，永为兄弟之国。楚臣陈轸曾在秦国为官，素知张仪其人，知道张仪又在玩弄诈术，因此向楚怀王忠告：秦之所以看重楚，是因楚有齐为盟国，若是听信张仪之言，与齐断交，那么楚国就会孤立无援，就有被秦国攻打的危险。然而，楚怀王对陈轸的良言听不进耳，认定张仪是为楚国着想，很快便任用张仪为相，又接连派使者到齐国宣布断绝盟约，甚至出言不逊，辱骂齐宣王。齐宣王大怒，一面与楚国断绝交往，一面不惜降低身份请求与秦国结交，于是秦齐两国交和。张仪见目的已达到，就又回到秦国，恢复相位，但不再承认对楚怀王的承诺。

楚怀王被张仪所欺，大怒不止，准备发兵攻秦。楚臣陈轸见事已至此，便劝楚怀王不如送给秦国一座城邑，与秦合兵攻齐，如此则虽因献城受些损失，却可以从齐国那里得到补偿，楚国也可得以保全，现在刚与齐绝交，再出兵攻秦，等于促使齐、秦联合对付楚国，楚国就危险了。

楚怀王盛怒之下不听陈轸之言，派将军屈匄率军讨伐秦国，秦派魏章、樗里疾、甘茂迎击，韩国又出兵助秦，于次年春天在丹阳（今河南西峡丹水以北地区）大破楚军，获楚主将屈匄和裨将逢侯丑以下七十余名楚国将领，斩首八万。秦军随后继续进攻，取汉中地八百里，在南郑（今陕西汉中）置汉中郡。楚怀王受张仪之骗又遭此惨败，痛愤不已，下令征召全国军队全力攻秦，又在蓝田（今湖北钟祥西北）为秦军所败。韩魏此时得悉楚军失利，乘机夹击楚国，一直进攻至邓（今湖北襄樊北）。楚国三面受困，只得割让二城于秦，以求和修好。

秦国既败楚，张仪又向秦惠文王建议，秦战胜楚国后，可作某些让步，拉拢楚国，使之与秦国结盟，以利于秦的发展。秦惠文王最后决定将汉中一半土地归还楚国，以修旧好。但楚怀王对张仪痛恨之极，表示宁可不要汉中地，也一定要得到张仪。张仪分析形势，胸怀成竹，自愿赴楚。张仪到楚国即被囚禁，楚怀王欲杀之。张仪厚赂楚怀王亲信靳尚，又得楚怀王宠妃郑袖枕边进言，楚怀王果然冰释前嫌，将张仪释放并盛情款待。张仪趁机劝说楚怀王背弃合纵盟约，与秦国亲善，楚怀王竟同意。张仪破坏楚齐联盟大获成功，秦国此后又得以击败齐国。

张仪游说五国连横

张仪第二次赴楚，初被拘为囚，后为贵客，张仪以秦兵强马壮、国力强大、气势如日中天，说楚王：“若欲为纵拒秦，无异于驱羊群而攻猛虎，不敌明矣。今王不事秦，秦劫韩驱魏而攻楚，则楚危矣。”楚怀王果然再次被张仪说服，应允楚与秦永为兄弟之国，不相攻伐。张仪又到韩国，对韩王说，韩国小，兵弱，“以韩抵秦，此无异于垂千钧之重于鸟卵之上，必无幸矣！”韩王应诺事秦。张仪又出使至齐国，对齐王说，齐国虽地广民众，兵强士勇，但如今秦与楚联姻，韩、魏、赵皆事秦王，“大王不事秦，秦驱韩、魏、赵攻入，虽欲事秦，不可得也”。齐王亦许事秦。张仪其后西至赵对赵王说，赵国曾率领各国拒秦，于今秦楚为兄弟，韩、魏称藩臣，齐献鱼盐之地，这如同断了赵国的右肩，赵国还能凭什么与秦相抗？赵王无奈，许与秦为兄弟之国。张仪然后北向说燕王，而今赵已事秦，大王不事秦，秦将出兵六中（今内蒙古呼和浩特西）、九原（今内蒙包头西北），驱赵攻燕，燕必危殆。燕王听了张仪之辞，请献常山（今河北涞源西南）一带的五城给秦以求和。

汉代河伯出行画像。河伯，古神话中的黄河之神，为天帝的臣属。《楚辞九歌·河伯》有描写河伯的出行情形。

燕昭王求贤

　　燕王哙于周慎靓王五年（前316）让位于子之以后，不过三年，燕国形势大乱，太子平谋夺王位，内部混战，齐国见机侵燕，杀燕王哙。赧王四年（前311），赵国护送燕公子职入燕，是为燕昭王。燕昭王即位后，发愤谋齐，"吊死问孤，与百姓同甘苦，卑身厚币以招贤者"。昭王又问计于郭隗：齐国因燕内乱而破燕，我知道燕国小力弱，凭这些不能够报仇雪恨。然而若得贤士振兴燕国，以雪先王之耻，才能遂我心头之愿啊。希望先生举荐贤士，共谋大业。郭隗应道：王欲尊贤士，可自隗始，贤于隗者必不远千里而至。燕昭王于是为郭隗改筑宫而师事之。在燕昭王的招纳下，乐毅自魏往，邹衍自齐往，剧辛自赵往，贤士争赴燕，为燕国的富强出谋划策。

秦武王举鼎绝膑·秦魏冉平定内乱

战国鸟形鼎

　　秦武王勇武有力，喜好与人较量，大力士任鄙、乌获、孟说都因此被秦武王擢拔为高官。周赧王八年（前307），秦武王与孟说比赛举赤鼎，折断胫骨，双目出血，到八月即死去，孟说为此被灭族。秦武王娶魏国女子为后，无子。故秦武王死后，诸弟为争夺君位，纷争不已。朝臣和惠文后、武文后等拥立武王同母弟公子壮即位，而芈八子（即宣太后）和她的异父弟魏冉则拥立武王异母弟公子稷即位。这场王位纷争持续三年之久。魏冉一方最终取胜，公子稷成为新一代秦王，即秦昭王。

昭王年幼，宣太后听政，以魏冉（楚人，昭王母宣太后异父长弟）为将军（秦始置将军）以防不测。周赧王十年（前305），公子壮在大臣及惠文后、武文后支持下，再度与昭王争夺君位，并即位为"季君"。将军魏冉果断地诛杀公子壮及其党羽，并将武文后逐回魏国，平息了内乱，巩固了昭王、宣太后和自己的地位。

齐魏韩合纵攻楚

秦昭王即位后，宣太后、魏冉主持国政，与楚国友善修好，既用重礼馈赠，又将上庸（今湖北竹山西南）归还楚国，楚国遂断绝与中原诸国的合纵关系，与秦国在黄棘（今河南南阳南）缔结盟约。孟尝君田文担任齐相后，为了操纵弱小侯国，迫使强国屈服，进而兼并土地，扩展势力，采取远交近攻的合纵策略。秦昭王即位之初，秦国忙于平定诸弟争夺君位的内乱，齐、魏、韩、楚等国结为合纵同盟。此时楚国背弃合纵之约而与秦国交好，齐、魏、韩三国合兵攻伐楚国。楚国向秦国求援，并以太子横为人质赴秦，同时又派人游说主持秦政的魏冉，向他陈述各国利害。魏冉听后，深以为是，遂派客卿通带兵前往救楚，齐、魏、韩三国闻讯撤兵。

其后，太子横与一秦国大夫

战国镶嵌几何纹方鉴。温酒或冰酒器。鉴口与颈部有错金嵌绿松石复合菱形花纹，花纹精细，构图工整。错金丝非常整齐，器表磨错平整光亮。

发生私斗，将其杀死，并私自逃回楚国。导致秦、楚两国交恶。齐国趁机再次攻楚。前301年，齐国联合宋、韩等国向楚国发动进攻，宋国原想持中立立场，慑于齐国压力，同意随齐伐楚。楚国发现后，派子象劝说宋王偃。宋王偃听后，决定依然持中立立场，不再派兵攻楚。秦国见齐正发动对楚战争，便想与魏国一同参与伐楚，魏襄王不同意，楼烦认为魏国不与秦攻楚，楚就会与秦联合攻魏，因此，不如主动攻楚。魏襄王遂同意出兵，形成齐、秦、魏、韩四国联合攻楚之势。齐将匡章、魏将公孙喜、韩将暴鸢率三国联军攻打楚国方城（楚国长城，环绕在于河南方城西、南、东三面），秦国则以芈戎为将攻打楚国。昭睢受命率楚兵抵御秦国，他建议楚怀王再拨楚兵，以向秦表示必战之决心。秦国稍攻占城邑后必然撤兵，而不愿与楚国相互消耗，使齐、魏、韩得利。楚怀王听从其建议，增拨兵力。秦军攻占新市（今湖北京山东北）后，果然未再继续进攻。在方城方面，楚国以唐眛（一作唐蔑）为将，与三国联军夹泚水对阵，三国皆不知河水深浅，不敢贸然渡河，彼此相持达六月之久。联军最后从樵夫处访知，凡楚国防守密集之处河水均浅，匡章便派精兵于夜间渡河发动进攻，在泚水畔的垂沙（今湖北唐河西南）大败楚军，杀死楚将唐眛，韩、魏攻取宛（今河南南阳）、叶（今河南叶县西南）以北的大片领土。此役史称"垂沙之役"，或称"重丘之役"。

秦诱执楚怀王

　　周赧王十六年（前299）秦对楚国发起进攻，攻占八城。随后，秦昭王向楚怀王遣书致意，回顾当初结为兄弟，在黄棘（今河南南阳南）结盟，两国关系交往融洽等往事，又解释说，只因楚太子杀死秦大夫后，未道歉就私自逃回，这才兴兵攻楚。信中对楚国让太子到齐国做人质，与齐国交好表示不满，认为秦、楚两国边境相邻，历来互通婚姻，友好相处，如今两国交恶，难再号令诸侯。因此他希望与楚怀王在武关（今陕西商洛东南的丹江旁）相会，结盟订约。并表示愿帮助楚国攻打韩、魏，夺回失去的土地。楚怀王感到很为难，去了怕上当，不去又怕会激怒秦昭王。楚臣昭睢认为，秦国不可信任。但是楚怀王的儿子兰认为，不应拒绝秦国的好意。楚怀王决定去武关会见秦昭王。消息传到赵国，有个大臣分析了天下的形势，认为赵、魏、韩三国联合，秦国就显得势弱，不敢攻打；秦国见三国联合，无利可图，就会扣留楚怀王，逼迫楚国割让土地。赵武灵王便

战国攫蛇雄鹰。雄姿英勇，威震恶蛇，象征楚王争霸的气概。

派兵到魏国、韩国，协助戍守西部边界。秦昭王见赵、魏、韩三国联合，自知难以图谋，果然转而向楚国索取领土。他将楚怀王从武关挟持到咸阳，待之如属国臣子，不行平等礼仪，并要挟他割让巫郡（今湖北省清江中、上游和四川省东部）、黔中郡（今湖南省西部和贵州省东北部）。楚怀王见自己受骗，非常愤怒，拒绝了秦的无理要求。秦昭王便将楚怀王拘留在秦国。周赧王十八年（前297），楚怀王试图逃走，被秦兵抓回，第二年病死在秦国。

赵武灵王禅位·困死沙丘

周赧王十六年（前299），赵武灵王为专心致志于军事，完成攻伐中山国及林胡、楼烦，拓展北方领土的大业，决定将王位传给王子何。五月戊申日，赵武灵王在东宫举行大规模朝会，立太子何为王，是为赵惠文王。其时赵惠文王仅十岁左右，故又任肥义为相国，辅佐朝政。禅位后，赵武灵王自称主父，身穿胡服，率领将士到西北夺取林胡、楼烦之地，准备再从云中（今内蒙古托克托东北）、九原（今内蒙古包头西北）径直南下袭击秦国。为了摸清秦国地形，赵主父伪装成使者进入秦国。秦昭王见他形貌伟岸，谈吐不俗，绝非为臣子者风度，仔细询问，方知是赵主父，一朝上下，无不惊愕。

周赧王十九年（前296），赵主父率军经过五年攻战，灭亡中山国。回国后，

论功行赏，实行大赦，又设筵庆功聚饮五日，封长子章于代郡东安阳（今河北阳原东南），号代安阳君。又任命田不礼为安阳君相，辅佐长子章。长子章一向骄奢放纵，田不礼残忍嗜杀而骄傲，将此二人立为封君和相佐，遂埋下日后篡乱之祸根。

周赧王二十年（前295），赵主父与赵惠文王游览沙丘（今河北巨鹿东南），分住各自的宫室。公子章和田不礼假托主父之命召见惠文王。信期告诉肥义，肥义先进去察看，被杀死。信期随即与赵惠文王一起与公子章交战。公子成和李兑闻讯从国都赶来，调发四邑之军前来平息变乱。公子章战败后逃到赵主父处。公子成、李兑率兵包围了赵主父的宫室，杀死公子章、田不礼，尽灭其党羽。公子成和李兑为捉拿公子章而包围主父宫室，怕赵主父将他们灭族，遂仍然包围主父宫室，命令宫室中人出来。宫中之人闻声都跑了出来。赵主父想出宫而不能，又无食物充饥，只得探鸟巢、掏幼雀以果腹，三个月后终于饿死。

赵武灵王年少即位，能勤于政事，勇于纳谏，尊礼老臣，不图虚名。后来推行胡服骑射，使赵国国力强盛。在他的经略下，赵国经过连年攻战，灭亡中山国，夺取林胡、楼烦部族的大片领土，使赵国成为北方大国，显示了他的雄才大略。

齐魏韩合纵攻秦

周赧王十七年（前298），孟尝君田文从秦国逃回齐国，重新担任齐相。他在秦国时被拘禁，险遭杀害因而怨恨秦国，便与魏、韩结成合纵之约，组织三国联军对秦国大举进攻。此前，中原各国虽有联合抗秦之势，但无实际行动。这次经过孟尝君的发动，齐、魏、韩三国联军对秦国展开进攻。经过三年激战，三国联军于周赧王十九年（前296）攻破函谷关（在今河南灵宝东北）。秦昭王想割让河东（今山西西南部）之地求和，但又举棋不定，便向楼缓请救。楼缓认为，割让河东，代价太大。免除国家之患，是朝中大事，应该询问王

族父兄，秦昭王召其兄公子池咨询。公子池认为，
割地求和会后悔，不割地求和也会后悔。割地求
和，三国军队退走后，会觉得他们本来就要退走，
后悔白白割让了土地；不割地求和，等三国军队
进迫咸阳时，又会后悔当初没有割地求和而使咸
阳危急。秦昭王权衡二者利弊，决定取危害小的
作法，于是派公子池向三国求和，把以前攻占的
韩国的河外和武遂（今山西垣曲东南）之地归还
韩国，把以前攻占的魏国的河外和封陵（今山西
永济西南）之地归还魏国。三国接受了秦国的媾
和请求，退兵而去。

战国安邑下官钟。

秦韩魏伊阙大战·白起任大良造

周赧王二十二年（前293），韩国以公孙喜为将，与魏国共同攻打秦国。
秦相魏冉推荐左更白起代替向寿为将，与韩、魏联军大战于伊阙（今河南洛
阳东南龙门）。秦军大胜，杀死联军二十四万人，俘获公孙喜，攻取五城。
白起因战功卓著，被擢升为国尉，又带兵渡过黄河，夺取韩国安邑（今山西
夏县西北）以东至乾河（今山西垣曲东）的领土。这是战国时代的大战之一。
白起是秦国郿（今陕西西眉县东）人，擅长用兵，秦昭王时任职。周赧王
二十一年（前294），白起任左庶长，带兵攻占韩国新城（今河南伊川西南）；
次年，升为左更。伊阙（今河南洛阳东南龙门）之战，大败韩、魏联军，战
功卓著，被提拔为国尉。第三年，升任大良造。

145

庄周去世

　　庄周，名周（前365~前290）（一说前369~前286），宋国蒙（今河南商丘县东北）人。他是战国时期著名的哲学家，也是道家思想的主要代表人物，与老子并称"老庄"。

　　庄子一生清贫，曾当过管理漆园的小吏，楚威王闻知庄周很有才能，便以厚金聘他作相，庄子说：千金是重利，相也是很高的官职，但这好比是给牛披上绣花衣服送到太庙作祭品。我不愿享受高官厚禄而宁可作条自由自在的小鱼，在污泥浊水中自得其乐。据说庄子住在贫民区，以打草鞋为生，有一次他向监河侯借米，监河侯拒绝他。还有一次，他穿着有补丁的布衣和破鞋去访问魏王，魏王问他以如此潦倒，庄子回答说他是穷，不是潦倒，好比掉进荆棘丛里的猿猴没办法展示自己的才能。庄子后来归隐，这些记载反映出庄子的性格和人生理想。

　　庄子鄙夷权贵，崇尚自由自在的乡间生活，他以局外人的身份观察当时社会的各种现象、斗争，以其深刻的洞察力和复杂的人生体验为基础，借汪洋恣肆的文风表达他的思想。庄子学识渊博，思维敏捷，想象丰富。他与当时的学者来往并不多。其中惠施是他的辩友。《庄子》中记载二人河上辩鱼之乐的故事，惠施死后，庄子甚觉惋惜，从此无人能与他辩论。

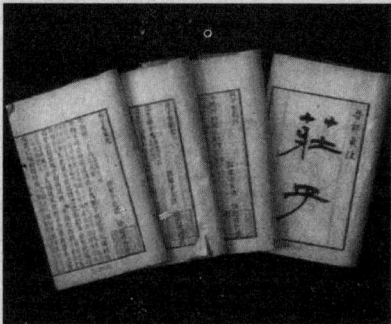

《庄子》书影

　　对现实人生，庄子采取顺生乐死、乐天安命的态度。他追随老子的思想并把老子哲学实现在自己的生命历程中，他追求绝对无待的精神自由，向往达到与道合一的境界。为此他摒弃任何外在的束缚，向内心寻找人生的最大乐趣。所以庄子的一生虽然贫苦，但充满生存的智慧和诙谐活泼的意趣，他鲜明的个性和深刻的思想往往通过一个简短的寓言故事生动地表现出来。庄子的性格特征，思想旨趣与人生态度对历代知识分子都有影响。

庄子的著作收在《庄子》一书。它既是先秦时期最著名的哲学著作，也是一部优秀的文学作品，更是一部美学作品。庄子的哲学思想对魏晋南北朝时期的玄学和般若学思潮产生影响，成为"三玄"之一。在中国文学史上，《庄子》也占有重要地位，其中的许多寓言故事，如河伯"望洋兴叹"、鹏"扶摇羊角"、匠石"运斤如风"、"庖丁解牛"、"螳臂挡车"、"东施效颦"等为人们所熟悉，至今仍作为成语广泛使用。庄子的美学思想开出了中国古代艺术精神，他强调美自身的价值，为后世突破儒家美学的狭隘性、保守性提供了思想依据。

秦齐称帝

周赧王二十七年（前288），秦相魏冉图谋与齐联合，以两大强国之军迫使各诸侯国随同攻赵，将赵国灭亡，三分其地。秦与各国订立盟约，约定共同出兵的日期。秦又自恃国力强大，与诸侯国同称王号有失其尊，故又与齐相约，把原来上帝的称号作为两国国君尊称。苏秦建议齐湣王先答应秦国，但不要急于称帝，如果秦国称帝后天下人不反时，齐国再称帝号也不晚；如果秦国称帝号后，天下人都憎恶，那么齐国就不好称帝，以收取天下人心。齐湣王采纳其建议。此年十月，秦昭王称西帝，随后齐湣王称东帝。两个月后，齐湣王听从苏秦劝谏，取消帝号，随后秦国也取消帝号。这是中国历史上称帝的第一次尝试。

燕乐毅将五国军伐齐

　　燕昭王即位之后，为向齐报破国之仇，奋发图强、广招贤者，优礼相待，又慰问、抚恤死难者亲属，与百姓同甘共苦。燕国由此罗致了一批智能之士，其中有熟悉齐国险阻要塞及其君臣关系的谋士和善于用兵的军事人才。其中有乐毅，他主张应依据人的功劳大小，能力高低任以相应官职。他帮助燕昭王进行政治改革，使国力进一步增强。

　　燕昭王二十八年（前284），国家殷实富足，士卒奋勇勇战，愿为国献身疆场。燕昭王与乐毅商量伐齐复仇之事，乐毅建议燕昭王与赵、楚、魏等国联合伐齐。燕昭王便派使者出使魏、楚，派乐毅出使赵，并亲自到赵国与赵惠文王相会。赵惠文王将相国之印授予乐毅。燕昭王遂任命乐毅为上将军，征发全国军队，与赵、秦、魏、韩等国联合向齐国展开进攻。

　　其时齐湣王征调全国军队，由向子率领，在济水以西与五国联军交战。由于齐湣王晚年暴虐无道，杀死几位敢于直言进谏的大臣，使得臣民离心，毫无斗志。双方一交战，向子就下令退兵，自己一人率先乘车逃脱，齐军大败。齐将达子召集逃亡的齐军士兵，整顿后继续作战，企图挽回败局，但齐湣王不予援助。达子率军在秦周（今山东临淄西北）与五国联军交锋时又被打败，达子战死。

　　两次战役使齐国主力受到重创，不能再与五国联军交战，

战国碧玉龙形佩。玉料呈青碧色，间有紫色浸蚀。两面形式相同，皆琢成S形的龙，身饰蚕纹。龙腹中部上方有一圆穿。形制古朴生动。

只得退守各地城池。乐毅遂遣还秦、韩之军，让魏国进攻原宋国地区，赵国去攻取河间，自己则率领燕军长驱进击，攻打齐都临淄，齐湣王逃走。乐毅攻入临淄后，搜取齐国宝器，全部运回燕国。燕昭王亲自到济水慰劳将士，并将昌国（今山东淄博东南）之地封给乐毅，号昌国君。五国联合伐齐，秦国攻取原被齐国所占的宋国大邑定陶（今山东定陶西），魏国攻取大部分原属宋国的领土，赵国攻取济水以西的大片土地，连鲁国也乘机攻占齐国的徐州（即薛，今山东滕县东南），齐国遭受沉重打击。

同时，楚国担心五国攻破齐后再图谋楚国，遂派淖齿率兵援救齐国。齐国已被五国联军打败，燕军攻入国都临淄（今属山东），齐湣王逃到卫国，后又逃回到莒（今山东莒县）。淖齿率救兵赶到莒，被齐湣王任为相国。淖齿想与燕瓜分齐国，便将齐湣王杀死，乘机收复了以前被宋国夺取的淮河以北地区。

五国联合伐齐，是战国时的一场大战，之后，六国之间的自相残杀愈演愈烈。

秦围邯郸

周赧王五十七年（前258），秦昭王因赵违约未割六城，不听白起劝谏，派五大夫王陵进攻赵都邯郸，秦赵邯郸之战爆发。赵国上下同仇敌忾，共赴国难，坚守城池。国相平原君以国忧为先，身先士卒，听从李谈的劝告，裁减府邸人员和开支，组织敢死队三千人与秦军殊死决战，秦军为之退却三十里，大大鼓舞了士气。

秦军久攻不下，几易其帅；邯郸久陷重围，易子而食。战事日紧，赵王遂遣平原君求救于楚、魏。赴楚前，平原君准备从门下食客中挑选二十位文武兼备者随行，但只挑中了十九人，其余无可取。毛遂自荐愿同行。至楚之后，平原君与楚王商议合纵之事，剖言利害关系，"日出而言之"，楚王至"日中不决"。毛遂按剑冲破护卫的防线，上前质问楚王，楚王愤怒地斥责他。

秦虎符。战国时秦王在杜县将领所执之物。
虎符为古代军事活动信物，国君执右将领持
左，左、右虎符合并验证后方可调兵。

战国虎符。调兵凭证。

毛遂对其威势毫不畏惧，先说在十步之内，楚王的命就掌握在自己手中，接着以秦军如果进攻楚国，继而又以秦军攻楚，一战而夺取鄢郢，再战而烧夷陵，三战就使楚王的先人遭受污辱惨痛史实激励楚王，指出合纵是为了楚国而不是为了赵国。楚王应从，派春申君率军救赵。

求得楚国帮助，平原君再求魏援助。魏王派将军晋鄙率十万大军救赵。秦得知，遣使威胁魏，魏军遂屯于邺下不敢出。屯军期间，魏王曾遣将军辛垣衍潜入邯郸，通过平原君劝说赵王发使尊秦昭王为帝，以换取秦国的退兵。齐国人鲁仲连当时正在邯郸，听说此事后去见辛垣衍，与他辩论尊秦为帝的种种危害，断然表示，倘若秦王为帝，自己宁愿赴东海而死不忍为秦国臣民。辛垣衍油然起敬，自愿离赵，不敢再说称秦王为帝的事。不久，信陵君通过魏王爱妾窃得魏王虎符，赶赴邺地，击杀晋鄙，率军援救。

前257年，楚、魏援军赶至邯郸，与赵军内外夹击，秦军大败，退回河西。赵魏两国夺回部分失地。

秦灭西周

周赧王五十九年、秦昭王五十一年（前256）。秦将摎攻取韩国阳城（今河南登封东南）、负黍（今登封西南）。二地近周，西周君惧怕祸将及己，背秦盟约，与诸侯合纵，率天下锐师出伊阙（今河南洛阳龙门）攻秦，切断

战国镶嵌卷云纹羊首车舍。车马器。为战国秦器。带有刃矛舍装备的战车即《淮南子·汜论训》所称之"销车"。

战国轨敦。盖器同铭,各铸一"轨"字,字体与小篆一致,当是得器者所刻。此器系秦灭周后所铸。

战国镶嵌流云纹壶。容酒器。全器错金银细流云纹,圈足饰贝纹。颈上嵌有绿松石,制作精良。

秦与阳城间的通道。秦昭王怒,令将军摎攻西周。西周君入秦谢罪,尽献其三十六邑和三万臣民。昭王受献,遣返西周君。同年,周赧王卒,西周臣民投奔东周。昭王于是在次年取周九鼎宝器,迁西周君于惩狐(今河南临汝西北),西周灭亡。此后,东周虽存,但不再称王,史家以秦王纪年。

秦王政即位·吕不韦封相

秦庄襄王子楚位三年卒(前247),子政立,时年十三岁。秦王政于秦昭王四十八年(前259)正月生于赵。那时其父子楚在赵国当人质,很喜欢吕不韦的爱姬,不韦知道她已有身孕,于是献给子楚。此女怀孕十二月生下了秦王政,政即位年少,委政于吕不韦。那时秦已并巴、蜀、汉中、越宛、有郢,置南郡。北收上郡以东,有河东、太原、上党郡,东至荥阳,灭二周,置之川郡。秦王政尊吕不韦为相国,号称"仲父"。那时食客之风盛行,魏有信陵君,楚有春申君,赵有平原君,齐有孟尝君,皆喜宾客。吕不韦认为秦国虽强,宾客却少,于是广招天下贤能之士,以至食客三千之多。那时诸侯中很多能

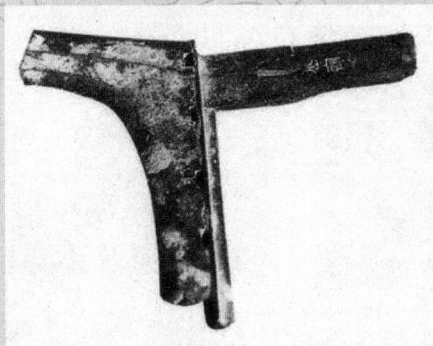

吕不韦少府戈。钩击兵器。为秦王政五
年（前242）秦相国吕不韦所用。

辩之士，如荀卿等，都著书立说广布
天下。吕不韦也让宾客把所见所闻所
思著立成书，集有八览、六论、十二
纪，共二十多万字，阐述详论天地万
物古今之事，名为《吕氏春秋》。书
写好后，放在咸阳市门上，并悬千金，
诸侯游士宾客中如能增换一字之人，
得千金。由于秦国如此重赏贤能之士，
因此秦国很快昌盛，国力强大，成了
诸侯之最强国。